Astrid Kopp-Duller

Livia R. Pailer-Duller

Legasthenie - Dyskalkulie !?

Die Bedeutsamkeit der pädagogisch-didaktischen
Hilfe bei Legasthenie, Dyskalkulie und anderen
Schwierigkeiten beim Schreiben, Lesen und Rechnen

Für legasthene Menschen:

Dieses Buch hat am seitlichen Rand kurze, fett gedruckte Schlagzeilen, die den daneben stehenden Text zusammenfassen. Dadurch wird es im speziellen Menschen mit Leseschwierigkeiten erleichtert, dieses Buch durchzuarbeiten.

Unser Dank gilt...

▸ den hunderten Kindern, die mit Schreib-, Lese- oder Rechenproblemen zu kämpfen haben, mit denen wir arbeiten durften, deren schulisches Leid uns bewegte und deren Fähigkeiten unsere besondere Bewunderung gilt.

▸ Lena und Alexander, die mit all ihrer Kraft versuchen, ihre Schreib- und Leseprobleme zu meistern, um den schulischen Anforderungen genüge zu tun, die nie aufgegeben haben, die gelernt haben, viel Verständnis und Toleranz gegenüber ihren Mitmenschen aufzubringen, um diesen so manche Ungerechtigkeit zu verzeihen.

▸ und allen Menschen, die mitgeholfen haben, dass dieses Buch in der vorliegenden Form erscheinen konnte.

ISBN 978-3-902657-00-8
© 2008 Dyslexia Research Center

KLL-Verlag
Dyslexia Research Center

Feldmarschall-Conrad-Platz 7
A-9020 Klagenfurt

Tel/Fax 0043 463 55660

Email: office@legasthenie.com
Internet: www.legasthenie.com, www.legasthenie.at

Umschlag, Grafiken, Layout:
Mario Engel, Manfred Pailer
Fotos: Livia R. Pailer-Duller, Manfred Pailer
Druck: Druckerei Berger, Horn
Printed in Austria

Die Verwertung der Texte und Bilder, auch auszugsweise, ist ohne schriftliche Zustimmung des Verlages urheberrechtswidrig und strafbar. Dies gilt auch für Vervielfältigungen, Übersetzungen und die Verarbeitung in elektronischen Systemen.
Alle Rechte vorbehalten.

Weitere Informationen zum Buch finden Sie im Internet unter
http://www.legasthenie-und-dyskalkulie.com

Inhaltsverzeichnis

Vorwort   **9**

Die verschiedenen Feststellungsebenen   **19**

Die Feststellung im pädagogischen Bereich   19

Die erste pädagogische Definition von 1995   23

Die Bedeutung der pädagogischen Förderdiagnose   27

Legasthenie oder Lese-Rechtschreibschwäche   39

Dyskalkulie oder Rechenschwäche   51

Primärlegasthenie - Primärdyskalkulie und
Sekundärlegasthenie - Sekundärdyskalkulie   55

Das pädagogische AFS-Testverfahren   59

Die Feststellung im Gesundheitsbereich   65

Wann die Feststellung auf welcher Ebene erfolgen muss   71

Die Wertung der physischen oder der psychischen
Verursachung   73

Die multiaxiale Diagnostik   77

Über „echte" Krankheitsbilder und Kennzeichen/
Begleitsymptome bei Legasthenie/Dyskalkulie   79

Die Aussagekraft von Lese-, Rechtschreibtests bei
legasthenen Menschen   85

Die Aussagekraft von Intelligenztests bei
legasthenen/dyskalkulen Menschen 91

Die verschiedenen Interventionsebenen **125**

Die Notwendigkeit der Unterscheidung und nicht der
Verwischung 125

Wann wer zum Einsatz kommen soll 131

Der Spezialist auf pädagogisch-didaktischer Ebene 135

Spezialisten auf der Gesundheitsebene 137

Über die Relevanz des Pädagogen 139

Nur Pädagogen lehren das Schreiben, Lesen und Rechnen 141

Schreiben lernt man durch das Schreiben... 143

Ein neuer moderner Weg 145

Die gezielte pädagogische Förderung - Die AFS-Methode 147

Der wissenschaftliche Hintergrund 151

Die Notwendigkeit einer umfassenden Methodik 157

Die Notwendigkeit einer offenen Methodik 161

Die Langzeitstudie über die AFS-Methode **165**

Die Ergebnisse des pädagogischen AFS-Testverfahrens 169

Die Interventionsebene – das Training 173

Die Ergebnisse der wissenschaftlichen Langzeitstudie
über die Wirksamkeit der AFS-Methode 181

Nachwort	**183**
Literaturliste	**189**
Internet und Adressen	**195**

Vorwort

Vor mehr als zehn Jahren ist das Buch mit dem Titel „Der legasthene Mensch" erschienen, das grundsätzlich einen Gesamtüberblick zur Problematik gegeben hat, dass es Menschen gibt, die das Schreiben, Lesen oder Rechnen aus verschiedenen Gründen nicht mit den üblichen Schulmethoden erlernen können. Das Werk, welches tausendfach, in unzähligen Ländern, weltweite Verbreitung gefunden hat, trug maßgeblich zum besseren Verständnis der Probleme jener Menschen, die Schwierigkeiten beim Schreiben, Lesen oder Rechnen haben, bei.

Der Schwerpunkt im vorliegenden Werk liegt in der Beschreibung der Förderung auf pädagogisch-didaktischer Ebene durch eine bewährte Methode, die das Ergebnis langjähriger, pädagogischer Forschungen ist. Auch die, manchmal zuwenig beachtete, noch immer unterschätzte, vorrangige Bedeutsamkeit der pädagogisch-didaktischen Förderung bei Schreib-, Lese- oder Rechenschwierigkeiten durch Spezialisten der pädagogischen Ebene wird klar und logisch dargestellt.

Die Bedeutsamkeit der pädagogisch-didaktischen Förderung durch Spezialisten, die auf pädagogisch-didaktischer Ebene helfen

Die Beschreibung eines sehr wichtigen Wandlungsprozesses, der sich in den letzten Jahren abzuzeichnen begann und immer mehr voranschreitet, bildet einen weiteren Schwerpunkt: Nämlich das Umdenken in unserer Gesellschaft, dass man weder schwach, gestört, krank oder gar behindert ist, nur weil man Probleme hat, das Schreiben, Lesen und Rechnen mit den üblichen Schulmethoden zu erlernen und meist einfach nur weitere Methoden benötigt, um auch auf diesen Gebieten das Geforderte leisten zu können. Es wird logisch erläutert und dargestellt, dass unbedingt und vorrangig immer zuerst Feststellungen und Hilfestellungen auf pädagogisch-didaktischer Ebene erfolgen. Erst, wenn die Notwendigkeit erkannt wurde, müssen andere Spezialisten hinzugezogen werden.

Erfolge durch interdisziplinäre Zusammenarbeit, Psychologen und Ärzte können alleine nicht erfolgreich sein

Ärzte waren es tatsächlich, die als erste herausfinden wollten, warum es einige Menschen gibt, die Probleme beim Schreiben und Lesen haben. Was die Problematik zwar nicht automatisch zur Krankheit macht, würde man doch vernünftiger Weise denken. Dennoch ist die damals beginnende Pathologisierung und die damit verbundene Fehlinterpretation, Kinder, die Schreib- und Leseprobleme haben, wären krank, bis heute zu spüren. Von Ärzten wurde wohl aus Ermangelung pädagogischer Kenntnisse nie eingeräumt, dass Schreib- oder Leseschwierigkeiten auch lediglich mangels der richtigen pädagogischen Methodik entstehen können. Auch noch vor zehn Jahren hinterfragte kaum jemand, warum man im Falle des erschwerten Erlernens des Schreibens und Lesens eigentlich zu einem Arzt oder Psychologen geschickt wurde und nicht zum Pädagogen, was wohl wesentlich naheliegender wäre. Es hatte sich eingebürgert, Menschen, die Schreib-, Lese- oder Rechenprobleme haben, als krankhaft zu betrachten. Lehrer zeigten sich teilweise hilflos und Psychologen und Ärzte versuchten ihre Kunst, meist wenig erfolgreich.

Was man aber zu oft vergaß oder zu wenig klar vor Augen hatte war die Tatsache, dass keine Therapie, durchgeführt von einem Gesundheitsberuf, ein gezieltes, individuelles Training im Schreib-, Lese- und Rechenbereich durch den Pädagogen ersetzen kann!

Zum Glück hat sich im neuen Jahrtausend die Logik durchgesetzt und es ist den Menschen bewusst geworden, dass ein weitgehend anhaltender Erfolg nur dann erzielt werden kann, wenn einem Menschen, der Schreib-, Lese- und Rechenprobleme hat, auch in diesen Bereichen gezielt auf seine Bedürfnisse abgestimmt durch Spezialisten im pädagogisch-didaktischen Bereich geholfen wird. Es gibt heute unzählige Pädagogen, die über weit reichende Kenntnisse verfügen und diesen besonderen Menschen an der Basis helfen können. Das war vor zehn Jahren noch nicht der Fall. Heute traut man vielen Lehrern

Bestens ausgebildete Pädagogen helfen Kindern bei Schreib-, Lese- oder Rechenschwierigkeiten

zu, sich auf diesem Gebiet gut auszukennen, um gezielte Hilfe leisten zu können.

Doch kehren wir kurz in die Vergangenheit zurück, dorthin, wo das Unheil für legasthene Menschen begann. Nicht immer hat man sich daran gestoßen oder es als Problem empfunden, dass es Menschen gibt, die anders mit dem Schreiben und Lesen umgehen. Auch wäre niemand auf die Idee gekommen, diese Menschen deswegen als krank zu bezeichnen, insbesondere auch deshalb nicht, weil diese Menschen oft durch andere, herausragende Fähigkeiten auffielen.

Die Rechtschreibung ist eine Erfindung des Menschen

Menschen schrieben einfach und es war völlig „normal", dass man Wörter unterschiedlich schrieb, aber das Gleiche meinte. Wichtig war nur, dass der Leser den Inhalt auch verstand. Tatsächlich hatten in früheren Jahrhunderten wenige Menschen die Möglichkeit, das Schreiben und Lesen überhaupt zu erlernen. Erst Kaiserin Maria Theresia (1717-1780) begründete in Großösterreich das Volksschulwesen. Ihr Ziel war, es auch dem einfachen Volk zu ermöglichen, das Schreiben, Lesen und Rechnen zu erlernen. Dies war damals die hauptsächliche Aufgabe der Schulen. Durch das Aufstellen von Rechtschreibregeln für die deutsche Sprache durch Bartholomä Herder (1774–1839) - er gründete 1801 die Verlagsbuchhandlung unter anderem mit dem Schwerpunkt „Nachschlagewerke" - und

Konrad Alexander Friedrich Duden (1829-1911) - er brachte 1880 ein „Vollständiges orthographisches Wörterbuch der deutschen Sprache" heraus - wurde auffällig, dass es Menschen gab, die nicht imstande waren, diese Regeln genau einzuhalten.

Die ersten Erforscher des Phänomens der Legasthenie waren, wie schon eingangs erwähnt, Mediziner am Ende des 19. Jahrhunderts. In Folge dessen wurde lange Zeit und tatsächlich noch bis heute von einer Krankheit gesprochen. Auch die Weltgesundheitsorganisation definiert Legasthenie bedauerlicher Weise bis heute als Krankheit. Legasthenie und Dyskalkulie sind keine Krankheiten, Behinderungen, Störungen oder Schwächen. Betroffene finden, um es nochmals ganz deutlich zu machen, lediglich mit den üblichen, in den Schulen angebotenen Methoden, das Schreiben, Lesen und Rechnen zu erlernen, nicht das Auslangen und benötigen speziell auf ihre Bedürfnisse abgestimmte Methoden.

Historische Definitionen als Quelle vieler Missverständnisse: Schreib-, Lese- oder Rechenprobleme wurden ursprünglich als Krankheit empfunden

Später befassten sich Psychologen und Soziologen ebenfalls mit dem Thema, was zu einer weiteren Belebung der Legastheniepathologisierung führte. Der relevanten Rolle der Pädagogen und der pädagogisch-didaktischen Förderung für Menschen, die in den so genannten Kulturtechniken Probleme haben, wird aber, um es nochmals zu betonen, in den letzten Jahren immer mehr Bedeutung beigemessen, wohl auch auf Grund der logischen Schlussfolgerung, dass legasthene oder dyskalkule Menschen nur durch pädagogisch-didaktische Förderung und nicht durch Therapien das Schreiben, Lesen und Rechnen erlernen können.

Tatsächlich benötigen legasthene Menschen lediglich individuelle, über das generelle Angebot der Schule hinausgehende Methoden, damit sie das Schreiben, Lesen und Rechnen erlernen können. Man schätzt, dass heute 15% der Weltbevölkerung davon betroffen sind.

Die vorrangige Förderung sollte bei einer Legasthenie/Dyskalkulie definitiv in den pädagogisch-didaktischen Bereich fallen, weil nur ein Pädagoge grundsätzlich dazu ausgebildet ist, Menschen das Schreiben, Lesen und Rechnen zu lehren, auch denen, die besondere Anforderungen in diesem Bereich haben.

Die pädagogisch-didaktische Forschung macht große Fortschritte

Die pädagogische Forschung entwickelt und optimiert deshalb Testverfahren und Methoden, welche den besonderen Anforderungen legasthener Menschen entsprechen. Diese Menschen generell als schwach, gestört, krank oder gar behindert zu bezeichnen ist wohl sehr kühn. Doch hat dies wohl auch für Ärzte und Psychologen einen tieferen Sinn, denn sie können nur bei Krankheitsbildern zum Einsatz kommen. Auch die Formulierung der WHO (World Health Organization) im ICD-10 (International Classification of Diseases) ist wohl so zu sehen. Mit dieser sicherten sich die Gesundheitsberufe lediglich das Vorrecht auf eine Therapie, welches sie verständlicher Weise auch behalten wollen. Die Notwendigkeit der pädagogischen Intervention bei Legasthenie oder Dyskalkulie findet keine Erwähnung!

Veraltete Beschreibung der WHO im ICD-10

Es wäre mehr als wünschenswert, dass man im ICD-11, der dem ICD-10 im Jahre 2011 nachfolgen soll, sich der nicht ausreichenden Beschreibung bewusst wird und entsprechend darauf reagiert und man zu einer intelligenteren Definition der Problematik kommt. Es kann ja wohl nicht sein, dass bei der Beschreibung des Umstandes, dass es Menschen gibt, die beim Erlernen des Schreibens-, Lesens-, oder Rechnens Schwierigkeiten haben - einer Problematik, die, je nach Ausprägung in verschiedene Interventionsebenen fällt - der Berufsstand, der grundlegend dafür verantwortlich ist, dass Menschen das Schreiben, Lesen und Rechnen erlernen, in der Reihe der Interventionsebenen fehlt.

Von der Weltgesundheitsorganisation müsste unbedingt auf den Umstand hingewiesen werden, dass es Schreib-, Lese- oder Rechenprobleme gibt, wie die Primärlegasthenie und die Primärdyskalkulie, die nicht pathologisch bedingt sind und ausschließlich in den pädagogisch-didaktischen Feststellungs- und Interventionsbereich hinein fallen, ansonsten auch die neue Definition als unvollständig und dadurch als wertlos zu sehen sein wird.

Es wäre auch dringend notwendig, dass alle beteiligten Berufsgruppen, ungeachtet ihrer vorrangigen Interessen, den Betroffenen den nötigen Respekt entgegenbringen, die nötige Hilfestellung ermöglichen und darauf achten, dass Kompetenzfragen nicht auf dem Rücken dieser ausgetragen werden, denn es geht schließlich um Menschen.

Mit Intelligenztests und Lese-Rechtschreibtests lässt sich keine Legasthenie oder Dyskalkulie feststellen

Grund für die intensive Forschung auf pädagogischer Ebene sind die noch immer üblichen Verfahren der Gesundheitsberufe, Intelligenztests und Lese-Rechtschreibtests, die laut ihrer Auffassung eine Legasthenie feststellen sollen. Zwei Werkzeuge der Psychologen, die nur leider nicht das feststellen, was festgestellt werden soll, nämlich eine Legasthenie oder Dyskalkulie. Zu viele Fehldiagnosen sind damit schon passiert und passieren noch immer. Diverse IQ-Tests stellen mittels Überprüfung der Sinneswahrnehmungen die Intelligenz fest. Deshalb sind auch die Ergebnisse nicht verlässlich, weil bei einer Legasthenie aus neurobiologischen Gründen die Sinneswahrnehmungen different ausgebildet sind, was aber wiederum mit der tatsächlich vorhandenen Intelligenz nicht in Zusammenhang steht. Dann wären da noch die viel gepriesenen Lese-Rechtschreibtests, auch ein beliebtes Handwerkszeug der Psychologen, eine Legasthenie festzustellen. Nur leider wenig aussagekräftig bei legasthenen Kindern, weil die Leistungen im Schreib- und Lesebereich nicht konstant schlecht sind, wie bei Kindern, die eine erworbene Lese-Rechtschreibschwäche haben, sondern von der Tagesverfassung abhängen, was sich mit unzähligen Beispielen belegen lässt. Legasthene Kinder können mitunter bei guter Tagesverfassung einen LRS-Test verblüffend gut absolvieren.

Das AFS-Testverfahren und die AFS-Methode werden bereits als Meilensteine der pädagogischen Forschung beschrieben und liefern einen wesentlichen Beitrag dazu, Betroffene auf pädagogisch-didaktischer Ebene individuell zu unterstützen und tragen maßgeblich dazu bei, dass auch legasthene und dyskalkule Menschen das Schreiben, Lesen und Rechnen erlernen. Die im vorliegenden Buch präsentierten Forschungsergebnisse einer Langzeitstudie über die AFS-Methode, bieten einen umfassenden Einblick in ihre Wirkungsweise.

AFS-Testverfahren und AFS-Methode sind Meilensteine der pädagogischen Forschung

Es ist sehr entwürdigend für legasthene oder dyskalkule Menschen, wenn sie immer wieder von unwissenden Mitmenschen als eigenartig oder schlimmer, als dumm hingestellt werden.

In erster Linie Hilfe auf pädagogisch-didaktischer Ebene

Es wäre mehr als wünschenswert, dass sich dieser moderne neu beschrittene Weg, das Erkennen der Notwendigkeit und der Bedeutsamkeit der pädagogisch-didaktischen Hilfe bei Schreib-, Lese- und Rechenproblemen durch speziell dafür ausgebildete Pädagogen weiter fortsetzt und man es als vorrangig ansieht, dass Betroffenen stets in erster Linie auf dieser Ebene geholfen werden muss, weil man so das Problem an der Wurzel anpackt und der Erfolg nur damit beginnen kann.

April 2008

Die verschiedenen Feststellungsebenen

Die Feststellung im pädagogischen Bereich

„Mein Sohn geht in die dritte Klasse der Grundschule und hat schon immer Probleme mit der Rechtschreibung. Die Lehrerin ist zwar sehr verständnisvoll und motiviert meinen Sohn immer wieder. Trotz verstärktem Übens verbessern sich seine Leistungen aber nicht."

Wenn sich Probleme beim Schreiben, Lesen oder Rechnen in der Grundschule zeigen, sollte der erste Schritt immer in Richtung einer pädagogischen Feststellung gehen. Erst wenn sich dabei Verdachtsmomente ergeben, dass die Probleme durch psychische oder physische Ereignisse hervorgerufen werden, müssen Spezialisten aus der Gesundheitsebene herangezogen werden.

Nicht jeder Lehrer jedoch ist auf diesem Gebiet ausreichend sensibilisiert. Deshalb kommt es heute noch immer zu Schritten, die sich im Nachhinein als falsch herausstellen, oder aber zu unqualifizierten Aussagen oder

Noch immer ist nicht jeder Lehrer genügend sensibilisiert

Abwehrhaltungen. Manche Lehrer stehen dem Problem völlig hilflos gegenüber und glauben, wenn sie eingestehen, dass das Kind betroffen sein könnte, wären sie auch für eine Förderung in der Schule verantwortlich. Dies ist natürlich nicht möglich und völlig unrealistisch, weil eben ein legasthener Mensch individuelle Hilfestellungen benötigt, die in der Schule nur bedingt erfüllt werden können. Aber jeder Lehrer sollte heute soweit sein, dass er die Möglichkeit des Vorhandenseins einer Legasthenie/Dyskalkulie oder anderer Probleme, welche Schreib-, Lese- und Rechenprobleme verursachen, in Betracht zieht, auf qualifizierte Kollegen verweist und selbst Verständnis für die Problematik mitbringt, damit es in Zukunft nicht so viele unerkannte legasthene und dyskalkule Kinder in den Schulen gibt, denen nie individuell geholfen wird und dadurch viele Nachteile entstehen, die zumal das ganze Leben dieser Menschen negativ beeinflussen. Dies wiederum setzt aber voraus, dass man Grundlegendes über die doch sehr komplizierte und weit reichende Problematik weiß.

Es ist nicht ausreichend, dass man Schreib-, Lese- oder Rechenprobleme mit Faulheit oder mangelnder Intelligenz abtut

Lehrer, die glauben, es genügt, dass man diese Probleme mit Faulheit oder eben nicht ausreichender Intelligenz erklärt, sollte es heute nicht mehr geben.

Besonders dramatisch wird es, wenn man darauf hofft, dass sich die Probleme eines Tages

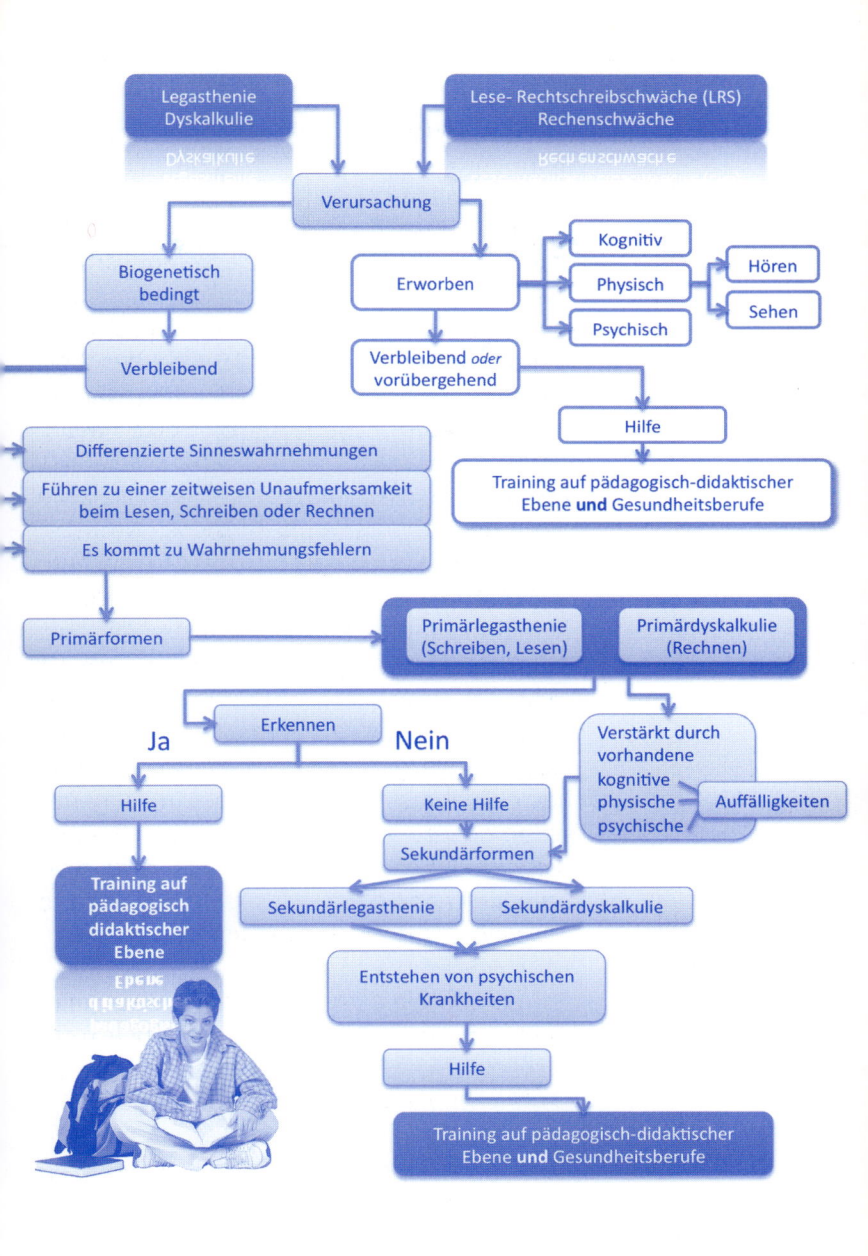

```mermaid
flowchart TD
    A[Legasthenie Dyskalkulie] --> V[Verursachung]
    B[Lese- Rechtschreibschwäche (LRS) Rechenschwäche] --> V
    V --> BG[Biogenetisch bedingt]
    V --> E[Erworben]
    E --> K[Kognitiv]
    E --> Ph[Physisch]
    E --> Ps[Psychisch]
    Ph --> H[Hören]
    Ph --> S[Sehen]
    BG --> Vb[Verbleibend]
    E --> Vv[Verbleibend oder vorübergehend]
    Vv --> Hi[Hilfe]
    Hi --> T[Training auf pädagogisch-didaktischer Ebene und Gesundheitsberufe]
```

- Differenzierte Sinneswahrnehmungen
- Führen zu einer zeitweisen Unaufmerksamkeit beim Lesen, Schreiben oder Rechnen
- Es kommt zu Wahrnehmungsfehlern

Primärformen → **Primärlegasthenie (Schreiben, Lesen)** / **Primärdyskalkulie (Rechnen)**

Erkennen:
- **Ja** → Hilfe → **Training auf pädagogisch didaktischer Ebene**
- **Nein** → Keine Hilfe → Sekundärformen → Sekundärlegasthenie / Sekundärdyskalkulie → Entstehen von psychischen Krankheiten → Hilfe → **Training auf pädagogisch-didaktischer Ebene und Gesundheitsberufe**

Verstärkt durch vorhandene kognitive / physische / psychische **Auffälligkeiten**

Wichtig ist es, die Probleme nicht zu ignorieren, sie lösen sich leider nicht von selbst

von selbst lösen werden und den Kopf in den Sand steckt. Durch solche Vorgehensweisen wird enorm viel kostbare Zeit verschenkt, die man besser mit gezielter Förderung zubringen sollte. Untätigkeit und Ignoranz führen aber auch dazu, dass die Problematik tatsächlich ein zusätzliches Krankheitsbild psychischer Art entwickelt, weil eben die richtige Hilfe ausbleibt oder zu lange auf sich warten lässt. Lehrer dürfen sich ebenso wie Eltern nicht davon abhalten lassen, sollten sie Auffälligkeiten im Schreib-, Lese- oder Rechenerlernprozess bemerken, immer wieder auf die Problematik aufmerksam zu machen und vorerst die Feststellung auf pädagogischer Ebene anstreben.

Die erste pädagogische Definition von 1995

Vor der Diagnoseerstellung steht die Definition der Legasthenie und Dyskalkulie. Die erste pädagogische Definition bezüglich Legasthenie und Dyskalkulie geht auf das Jahr 1995 zurück.

„Ein legasthener Mensch, bei guter oder durchschnittlicher Intelligenz, nimmt seine Umwelt differenziert anders wahr, seine Aufmerksamkeit lässt, wenn er auf Symbole trifft, nach, da er sie durch seine differenzierten Teilleistungen (Sinneswahrnehmungen) anders empfindet als nicht legasthene Menschen. Dadurch ergeben sich Schwierigkeiten beim Erlernen des Lesens, Schreibens oder Rechnens."

Die Ursache von Schreib-, Lese- oder Rechenproblemen sind oftmals different ausgebildete Sinneswahrnehmungsleistungen

Dr. Astrid Kopp-Duller 1995

Diese Definition erklärt auch, was man unter Legasthenie und Dyskalkulie versteht, nämlich eine zeitweilige Unaufmerksamkeit beim Schreiben, Lesen oder Rechnen, die durch differente Sinneswahrnehmungen hervorgerufen wird und die so genannte Wahrnehmungsfehler zur Folge haben.

Seinerzeit wurde die Dyskalkulie als Teilproblematik der Legasthenie angesehen und kaum als eigenständige Problematik, die sie aber tatsächlich ist. Denn nicht alle Menschen mit Schreib- und Leseauffälligkeiten haben auch im mathematischen Bereich Schwierigkeiten, genauso wenig wie Menschen, die eine Dyskalkulie haben, unbedingt auch im Schreib- und Lesebereich betroffen sein müssen. Die Verursachung, so nimmt man heute an, ist jedoch in allen Bereichen dieselbe. Auch die Bezeichnungen „Teilleistung" oder „Funktion" anstelle des heute gebräuchlichen Begriffs der Sinneswahrnehmungsleistungen waren seinerzeit wesentlich häufiger.

Schreib-, Lese- oder Rechenprobleme sind meistens nicht pathologisch bedingt, also nicht krankhaft

Mit dieser pädagogischen Definition wurde erstmals klar und nachvollziehbar die Tatsache festgestellt, dass es Menschen gibt, bei denen der Schreib-, Lese- oder Rechenerlernprozess andersartig verläuft, und damit als vorrangiges pädagogisches Interventionsgebiet beschrieben. Die Problematik wurde nicht mehr, wie es durch die Gesundheitsberufe üblich war, als pathologisches Problem definiert.

Diese pädagogische Definition ist auch als eine Antwort und Klarstellung der Pädagogen, die sich besonders mit dem Bereich des erschwerten Erlernens des Schreibens, Lesens oder Rechnens befassen, auf die unzureichende Formulierung der Weltgesundheitsorganisation (WHO) 1991 zu verstehen, die, wie schon beschrieben, die Problematik des erschwerten Schreibens-, Lesens- und Rechenerlernens ausschließlich als Krankheit definiert und diese Definition sogar in den Krankheitskatalog aufnahmt.

Sämtliche Hilfestellungen müssten, nimmt man die WHO ernst, bei Schreib-, Lese- oder Rechenproblemen also von der Krankenkasse übernommen werden. Doch hier scheiden sich die Geister.

Die gesamte Problematik ist als höchst widersprüchlich zu sehen, wird doch logischer Weise die immer notwendige Intervention auf pädagogisch-didaktischer Ebene bei Schreib-, Lese- oder Rechenproblemen von keiner Krankenkasse bezahlt. In der Erstausprägung sind Schreib-, Lese- und Rechenprobleme keine Krankheiten sondern verlangen Hilfestellungen auf der Schreib-, Lese-, Rechenbasis und diese Leistungen oder Hilfestellungen fallen nicht in den Gesundheitsbereich.

Ganz abgesehen davon, dass es wohl keinen Betroffenen gibt, der sich als schwach, gestört/beeinträchtigt, krank oder gar behindert fühlt oder sich als solcher bezeichnen würde, nur weil er Probleme beim Erlernen des Schreibens, Lesens oder Rechens hat. Die Überheblichkeit mit der hier Berufsgruppen über eine Gruppe von Menschen befinden ist mehr als bedauerlich!

Erst das Nichterkennen der Problematik kann psychische Krankheitsbilder bedingen

Die besondere Didaktik ist entscheidend und diese fällt nicht in den Aufgabenbereich von Gesundheitsberufen

Erst wenn sich zu den Problemen Auffälligkeiten physischer oder psychischer Art dazugesellen oder bereits vorhanden sind, werden die Gesundheitsberufe benötigt und die Krankenkasse ist nun verantwortlich für die Kosten, die bei einer Behandlung entstehen.

Es ist als sehr positiv zu sehen, dass immer mehr Menschen erkennen, darunter auch, was besonders erfreulich ist, zahlreiche Vertreter der Gesundheitsberufe, wie notwendig und unumgänglich eine besondere Didaktik für Menschen ist, die mit den üblichen angebotenen Methoden das Schreiben, Lesen oder Rechnen zu erlernen nicht das Auslangen finden, und dass diese individuellen Ansprüche von Pädagogen mittels entsprechenden Methoden erfüllt werden müssen und dies nicht ins Aufgabengebiet von Gesundheitsberufen fällt.

Die Bedeutung der pädagogischen Förderdiagnose

Vor der pädagogischen Diagnostik ist es anhand von Fragenkatalogen möglich, bei der Vermutung ein Kind könnte eine Legasthenie oder Dyskalkulie haben, mehr Aufschluss zu bekommen.

Der **erste Katalog** bezieht sich auf die Zeit vor Schulbeginn, weil man hier schon Auffälligkeiten beobachten kann, die später Schreib-, Lese oder Rechenprobleme bedingen können, aber nicht müssen:

Drei Fragenkataloge, die in der pädagogischen Diagnostik weitere Aufschlüsse geben

- Das Denken findet schneller statt als das Handeln.
- Auffällig „gute" und „schlechte" Tage.
- Keine oder nur eine verkürzte Krabbelphase.
- Verspätetes Gehen oder schlechte Körperkoordination.
- Schwierigkeiten beim Binden von Maschen oder Knöpfeln.
- Hilfsschritte beim Stiegensteigen.
- Fällt über Dinge, die nicht da sind.
- Kann oben/unten oder rechts/links nicht unterscheiden.

- Schwierigkeiten beim Umgang mit Messer und Gabel.
- Schwierigkeiten beim Umgang mit der Schere.
- Koordinationsschwierigkeiten beim Malen, malen über den Rand.
- Schwierigkeiten beim Erlernen des Rad-, Skifahrens oder Schwimmens.
- Kreiert eigene Wörter, wie „Wasseral" statt Mineralwasser.
- Verspätetes Sprechen oder Lispeln, Stottern, Stammeln.
- Merkt sich Kinderreime und Lieder nicht gerne, zeigt andererseits eine hohe Merkfähigkeit.
- Kann Rhythmen schlecht „nach klopfen".
- Lehnt Memory- oder Puzzlespiele ab.
- Hat eine „eigene" Ordnung.
- Ist oft überhastet oder oft extrem langsam.
- Auffällig gutes Verständnis für technische Dinge.

Gezieltes Sinneswahrnehmungstraining hilft Schreib-, Lese- und Rechenproblemen vorzubeugen

Kindern, die im Vorschulalter Sinneswahrnehmungsdefizite zeigen, kann man auch schon in diesem Alter mit einem gezielten Training helfen.

Der **zweite Katalog** enthält Persönlichkeitsmerkmale, die allen legasthenen und dyskalkulen Menschen zueigen sind. Ein Zusammentreffen von mehreren Merkmalen lässt den Schluss zu, dass es sich um einen legasthenen oder dyskalkulen Menschen handeln könnte. Die Fragen beziehen sich auf die Schreib-, Lese- oder Rechensituation, wenn sie nicht ausdrücklich anders formuliert sind.

- In Alltagssituationen auffällig wach und interessiert.
- In Spielsituationen völlig mit den Gedanken dabei.
- Leicht ablenkbar, hört/sieht alles, kann Unwichtiges von Wichtigem nicht immer unterscheiden.
- Abwesend oder tagträumerisch.
- Auffällige oder verkrampfte Körperhaltung.
- Verzögertes Merkvermögen bei Buchstaben/Wörtern/Zahlen.
- Reibt die Augen, blinzelt, äußert Sehprobleme.
- Verschwimmen der Buchstaben und/oder Zahlen.
- Geringe Merkfähigkeit beim Auswendiglernen/1mal1.
- Scheinbare Hörprobleme, versteht schlecht.

- Verwaschene/ Undeutliche Sprache, sprachliche Mängel.
- Herabgesetzte/ Eingeschränkte Körperkoordination.
- Mangelnde Raum- und/oder Zeitkoordination.
- Wird mit der Aufgabe nicht fertig, trödelt.
- Geht Anforderungen aus dem Weg.
- Schwätzt, zeigt allgemeine verbale Unruhe.
- Überaktiv, hat vermehrten Bewegungsdrang.
- Reagiert aggressiv, unkontrolliert oder fahrig.
- Geringes Selbstwertgefühl, fühlt sich minderwertig.
- In sich zurückgezogen, entmutigt.

Die Rechensituation

Der **dritte Katalog** bezieht sich speziell auf die Situation beim Rechnen.

- Benötigt ungewöhnlich viel Zeit für Rechenoperationen und zeigt schnell einen Erschöpfungszustand.
- Zahlenräume, Mengen, Größen, Formen, Distanzen können schlecht erfasst werden, die Verbindung zwischen Zahlenbegriff und Menge fehlt.
- Rechensymbole (Plus, Minus, Divisions-

und Multiplikationszeichen) werden nicht immer erkannt.
- Trotz intensiven Übens werden keine wesentlichen Fortschritte erzielt, Geübtes wird schnell wieder vergessen.
- Auslassen von Ziffern.
- Schwierigkeiten beim Überschreiten des Zehner- und/oder Hunderterschrittes.
- Zahlenreihen können nicht korrekt weitergeführt werden.
- Reversieren von Zahlen (67/76).
- Verwechslung von ähnlich klingenden Zahlen (19/90).
- Beim Kopfrechnen können Zwischenergebnisse nicht gespeichert werden.
- Schwierigkeiten beim Einmaleins.
- Seitenverkehrtes Schreiben oder Lesen von Zahlen (6/9).
- Falsche Wiedergabe von Zahlen beim Abschreiben.
- Schwierigkeiten bei der Wahrnehmung und Reproduktion räumlicher und zeitlicher Abfolgen.
- Textaufgaben und/oder Rechenaufgaben mit zusätzlichen Texten bereiten große Schwierigkeiten.
- Widersprüchliche Ergebnisse werden nicht bemerkt und/oder geduldet.

- Kein Abschätzungsvermögen, z.B. zwischen Reihung und Ergebnis wird keine Verbindung erkannt (14+20=16).
- Zählen und/oder Rückwärtszählen gelingt nicht oder nur unter Verwendung der Finger.
- Generelle Regelunsicherheit.

(Vgl. dazu A. Kopp-Duller: Legasthenie – Training nach der AFS-Methode, 2005 und A. Kopp-Duller, L. Duller: Dyskalkulie – Training nach der AFS-Methode, 2001).

Ergeben sich Verdachtsmomente, ist die Pädagogische Diagnostik durchzuführen

Sollte sich der Verdacht durch die mehrfache Beantwortung der Fragen mit „ja" weiterhin erhärten, so ist unbedingt in der Folge eine Pädagogische Förderdiagnostik durchzuführen. Diese gibt Gewissheit über das tatsächliche Vorhandensein und im weiteren über die Ausprägung Aufschluss, damit die nachfolgenden pädagogisch-didaktischen Interventionen individuell und speziell geplant werden können.

Die Pädagogische Diagnostik ist die Diagnose im Dienste pädagogischer Entscheidungen. Pädagogische Diagnostik ist nicht Selbstzweck, sondern hilft dabei, zweckmäßige pädagogische Maßnahmen zu finden. Pädagogische Diagnostik kann versuchen, den gegenwärtigen Zustand einer Person zu erfassen oder Veränderungen zu messen.

Die Statusdiagnostik ist an der Erfassung von Persönlichkeitsmerkmalen interessiert, d.h. von Eigenschaften, durch die sich ein Mensch von anderen Menschen unterscheidet und die dabei zugleich stabil sind. Unter „Stabilität" versteht man das Gleichbleiben von Eigenschaften über längere Zeit (Zeitstabilität) und in verschiedenen Situationen (Situationsstabilität).

Die Prozessdiagnostik hingegen erfasst Veränderungen, die sich durch Lernvorgänge ergeben. Dabei werden Lernzuwachs oder Lernwirksamkeit festgestellt. Der Lernzuwachs bezieht sich auf einen bestimmten Schüler oder auf bestimmte Schulklassen. Zur Überprüfung wird meist das Modell „Vortest/Nachtest" angewendet. Bei der Lernwirksamkeit werden die Auswirkungen bestimmter Unterrichtsmethoden, Medien oder Organisationsformen überprüft, zumeist nach dem Modell „Versuchsgruppe/Kontrollgruppe".

Die Pädagogische Diagnostik ist immer der erste Schritt, wenn Schreib-, Lese- oder Rechenprobleme auftreten

Die Pädagogische Diagnostik begnügt sich vielfach nicht mit der Feststellung von Persönlichkeitsmerkmalen. Zunehmend wird menschliches Verhalten im Rahmen einer bestimmten Umwelt gesehen. Die Pädagogische Diagnostik muss daher auch das Familienmilieu und Erziehungsverhalten der Eltern, Schulmilieu sowie das Lehrerverhalten erfassen. Die Erfassung objektiver Merkmale dieser Umwelten genügt nicht. Wichtig ist die zusätzliche Erfassung des subjektiven Erlebens dieser Umwelten durch das Kind in der Familie, durch den Schüler in der Schule.

Informationsquellen der Pädagogischen Diagnostik sind Schülerleistungen, die sich aufgrund der Leistungen bei mündlichen und schriftlichen Prüfungen ergeben. Sie stützen sich auf Gespräche mit dem Schüler, die nach einem Interviewleitfaden oder in freier Form erfolgen. Eine wesentliche Informationsquelle dieses für die Pädagogische Diagnostik besser ausgebildeten Personenkreises, darunter fallen auch diplomierte Legasthenietrainer(innen), sind auch pädagogische Testverfahren. Die Personenwahrnehmung ist die bedeutendste Grundlage für die Schülerbeurteilung durch den Lehrer. Das Leistungsverhalten kann aber nie vollständig ausgegliedert werden und ist in erheblichem Maße von der Personenwahrnehmung beeinflusst.

Die Pädagogische Diagnostik wird von dafür ausgebildeten Spezialisten durchgeführt

Bei Schulleistungstests ist die Unterscheidung in standardisierte, informelle und lehrzielorientierte Tests bedeutsam. Standardisierte Tests sind normorientiert, d.h. sie beruhen auf dem theoretischen Modell der Normalverteilung. Sie ermöglichen dadurch Vergleiche mit größeren Populationen. Informelle Tests sind gleichfalls normorientiert, die Bezugsgruppe ist aber die jeweilige Klasse. Sie lassen daher keinen überregionalen Vergleich zu. Ihr Wesen besteht darin, dass Lehrer Konstruktionsprinzipien der klassischen Testtheorie in vereinfachter Form anwenden. Diese Tests sind den im Unterricht erarbeiteten Inhalten angepasst und zweifellos objektiver, zuverlässiger und gültiger als herkömmliche schriftliche oder mündliche Prüfungen. Lehrzielbezogene Tests messen den Lernerfolg nicht durch den Vergleich mit anderen Schülern, sondern durch den Abstand von einem vorgegebenen Lehrziel. Pädagogische Diagnostik dient vorwiegend der Selektion, obwohl es aus pädagogischer Sicht wünschenswert wäre, aufgrund der Diagnose Mittel und Wege zu finden, um ungünstige Verhaltensweisen abzubauen und/oder günstigere Lernbedingungen zu entwickeln. (Vgl. Rudolf Weiss, Pädagogische Diagnostik, Hohengehren, 1996)

Die Pädagogische Diagnostik ist aber auch Voraussetzung für die Wahl geeigneter Ziele und Maßnahmen zur individuellen Förderung eines Schülers.

Jeder Schüler hat individuelle Stärken und Schwächen, die der Lehrer nicht immer hinreichend kennt. Dabei sind gerade die Stärken eines Schülers Anknüpfungspunkte, um seine Schwächen abzubauen. Gegenstand der Pädagogischen Diagnostik ist der einzelne Schüler mit seinen Fähigkeiten, Kompetenzen, Einstellungen und Motivationen – einschließlich seiner sozialen Beziehungen.

Stärken und Schwächen der Schüler sollen erkannt werden

Ziel der Pädagogischen Diagnostik ist es, Klarheit über den bereits erreichten Entwicklungsstand des Schülers und über seine entwicklungsfähigen Potentiale zu gewinnen.
(Vgl. Marianne Horstkemper, Universität Potsdam, 2006)

Eine systematische Anwendung der Pädagogischen Diagnostik erlaubt nicht nur, durch bessere bzw. besser umsetzbare Prognosen die Kinder und Jugendlichen gezielter fördern zu können, sondern die Absicht jeder Pädagogischen Diagnose ist es auch, Art und Ausmaß der Schwierigkeiten zu erfassen, um den konkreten Förderbedarf des Kindes zu ermitteln und folglich einen individuellen Lernweg festzulegen.

Folgende Bereiche sollten bei Kindern, bei denen man eine Betroffenheit vermutet, überprüft werden:

Eine ausführliche Anamnese muss durchgeführt werden

▸ Ausführliche Anamnese unter Einbeziehung der allgemeinen kindlichen Entwicklung, der Sprachentwicklung, der motorischen Entwicklung, vorhandener psychischer Erkrankungen, eventueller aktueller psychosozialer Umstände oder anderer besonderer Umstände im Leben des Kindes

▸ bei Verdacht auf physische Probleme, die das Hör- oder Sehvermögen beeinflussen könnten

▸ die Einbeziehung von psychologischen und medizinischen Gutachten

▸ Überprüfung der Aufmerksamkeit beim Schreiben, Lesen oder Rechnen

▸ Überprüfung der Sinneswahrnehmungsbereiche, die für einen reibungslosen Verlauf des Schreibens, Lesens und Rechnens verantwortlich sind

▸ Überprüfung der Fehlersymptomatik, die Analyse von Schriftproben, des Lesens, des Rechnens

Besteht nun der Verdacht, ein Kind, welches Probleme beim Erlernen des Schreibens, Lesens oder Rechnens hat, könnte eine Legasthenie, LRS, Dyskalkulie oder Rechenschwäche haben, so sollte die Pädagogische Diagnose als erster Schritt gesetzt werden. Speziell dafür ausgebildete Pädagogen erstellen, nach erfolgter Pädagogischer Diagnose, einen individuellen Förderplan. Die Erfahrung zeigt, dass ein Großteil der betroffenen Kinder ihre Schreib-, Lese- oder Rechenleistungen alleine durch die gezielte, individuelle, pädagogisch-didaktische Förderung maßgeblich verbessern. Sollte sich bei der Feststellung oder der nachfolgenden Förderung ein Verdacht ergeben, dass physische oder psychische Auffälligkeiten die Schreib-, Lese- oder Rechenprobleme verursachen, so muss auf pädagogischer Ebene die Entscheidung erfolgen, welche Spezialisten noch hinzugezogen werden müssen.

Auf die Diagnose folgt die Erstellung des Förderplans

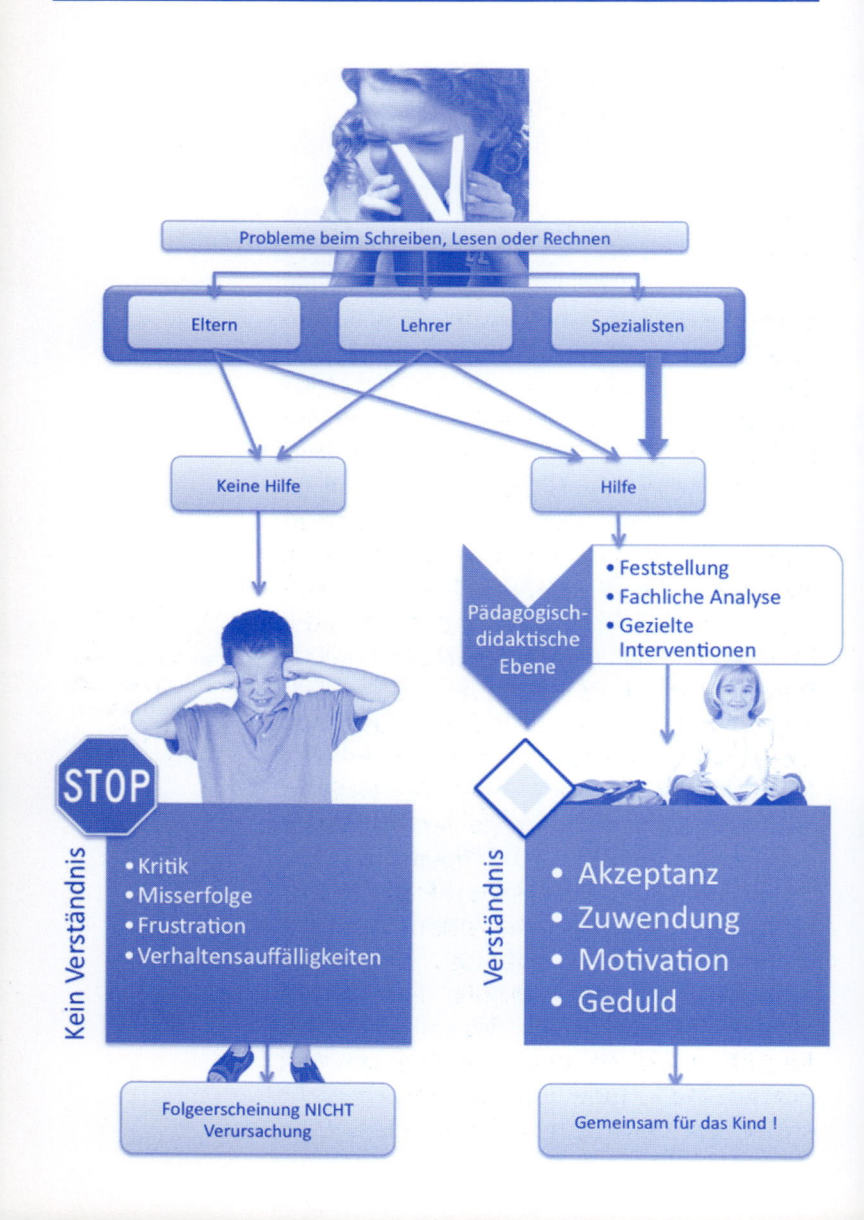

Probleme beim Schreiben, Lesen oder Rechnen

- Eltern
- Lehrer
- Spezialisten

Keine Hilfe | **Hilfe**

Pädagogisch-didaktische Ebene
- Feststellung
- Fachliche Analyse
- Gezielte Interventionen

Kein Verständnis
- Kritik
- Misserfolge
- Frustration
- Verhaltensauffälligkeiten

Verständnis
- Akzeptanz
- Zuwendung
- Motivation
- Geduld

Folgeerscheinung NICHT Verursachung

Gemeinsam für das Kind!

Legasthenie oder Lese-Rechtschreibschwäche

„Mein Sohn ist ein sehr aufgewecktes Kind, sieht alles, hört alles und merkt sich auch alles, was man ihm sagt. Doch beim Schreiben und auch beim Lesen gab es in der Grundschule Probleme, die wohl niemand erwartet hätte. Leider bekamen wir auch sehr lange nicht die Hilfe, die man sich wünschen würde und ich wurde von der Lehrerin stets angehalten, mit meinem Sohn mehr zu üben. Und so saßen wir beinahe jeden Nachmittag und übten und übten, doch die erhoffte Verbesserung blieb aus. Mein Sohn und auch ich waren an einem Punkt angelangt, wo wir eigentlich beide schon verzweifelt waren und das Üben verweigerten. Wohl im letzten Moment lernten wir eine Spezialistin kennen, die schnell eine Antwort auf die tatsächlichen Bedürfnisse meines Sohnes hatte. Sie erklärte mir auch sehr anschaulich, warum das alleinige Üben nicht ausgereicht hat und ich hatte ein richtiges Aha-Erlebnis. Mir wurde augenblicklich klar, warum unsere Bemühungen so wenig Erfolg gezeigt hatten. Mein Sohn konnte einfach nicht stillsitzen, wenn er schrieb und las. Aber

Legasthenie und Lese-Rechtschreibschwäche haben eine andere Verursachung und verlangen deshalb auch andere Förderansätze

alle meine Ermahnungen, sich ganz dem Schreiben und Lesen zu widmen verhallten. Immer wieder hatte ich auch den Eindruck, dass mein Sohn mit seinen Gedanken weit weg war, wenn wir übten und ich konnte ihn, wenn überhaupt, immer nur sehr kurz dazu animieren, sich tatsächlich seiner aktuellen Aufgabe zuzuwenden. In diesen Phasen aber machte er wie wundersam keine Fehler und ich ärgerte mich dann sehr, weil ich den Trugschluss zog, dass er es eigentlich eh kann, sich aber zuwenig bemühte. Erst als mir die Spezialistin schilderte, wie sich die Phasen der Aufmerksamkeit bei legasthenen Menschen verhalten und dass diese nicht gesteuert werden können, ohne dass man dem Betroffenen die Problematik bewusst macht, wurde mir so vieles klar. Und ich schämte mich, weil ich nicht selten all meine Kraft zusammen nehmen musste, um nicht die Nerven zu verlieren. Ich muss aber zu meiner Verteidigung sagen, dass ich es einfach nicht besser wusste – und auch von der Lehrerin fehlgeleitet wurde, denn sie betonte immer wieder, dass mein Sohn sich zuwenig bemühen würde und einmal äußerte sie sogar den Verdacht, dass mein Sohn hyperaktiv, also krank wäre. Dies verwarf ich gleich wieder, denn mein Sohn war aufgeweckt, aber er konnte auch sehr lange still sitzen,

Es ist ein Trugschluss, dass die Unruhe beim Schreiben, Lesen oder Rechnen ein Krankheitsbild ist

wenn er einer Beschäftigung nachging, die ihn interessierte. Andererseits glaubte ich ihr aber grundsätzlich, sie war ja die Pädagogin - ich nur die Mutter. Was ich natürlich nicht wusste war, dass die Lehrerin sich nie bemüht hatte, sich über die Problematiken der Legasthenie auch nur grundsätzlich zu informieren. Ein Umstand wohl, der bei meinem Sohn beinahe zu einer Katastrophe geführt hätte, wäre uns da nicht eine andere, motivierte und wissende Pädagogin zu Hilfe gekommen. Sie erklärte und zeigte mir sehr anschaulich, dass mein Sohn, wenn er schrieb und las, nicht genau hinsah und auch nicht genau hinhörte. Heute weiß ich, dass die Sinneswahrnehmungsleistungen legasthener Menschen so ausgebildet sind, dass sie das Schreiben oder Lesen negativ beeinflussen. Alle anderen Aufgaben des täglichen Lebens können sie aber sehr gut erfüllen. Wir haben nun eine sehr intensive Zeit hinter uns, in der wir alle drei zusammen geholfen haben, mit dem Ergebnis, dass sich bei meinem Sohn die Schreib- und Leseleistungen gravierend verbesserten. Unser gesamtes Familienleben verläuft wieder in erträglichen Bahnen."

Knapp an der Katastrophe vorbei!

Wie der geschilderte Fall wohl eindrücklich zeigt, ist es für eine erfolgreiche Förderung unbedingt notwendig, in der Feststellungsphase genau herauszufinden, welche Probleme der Betroffene tatsächlich hat. Nur dann kann auch eine gezielte, individuelle Förderung erfolgen. Diese Tatsache wird oft übersehen oder auch nicht beachtet - mit dem Ergebnis, dass Förderungen scheitern, weil sie nicht den Kern des Problems treffen.

Die Verursachung bestimmt die Intervention

Es ist nicht genug, festzustellen, dass Schreib- und/oder Leseprobleme vorhanden sind. Für einen anhaltenden Erfolg ist es unbedingt notwendig, der Verursachung zu erkennen.

Man unterscheidet zwei wesentliche Bereiche. Die biogenetisch bedingte Problematik nennt man Legasthenie und die erworbene Problematik, die Schreib- und Leseschwierigkeiten zur Folge hat, eine Lese-Rechtschreibschwäche.

Wurde also in der Pädagogischen Förderdiagnostik festgestellt, dass eine Legasthenie vorhanden ist, sind drei Interventionsschritte – die bewusste Aufmerksamkeitsverbesserung beim Schreiben, Lesen oder Rechnen, die Sinneswahrnehmungsverbesserung und die Verbesserung der Schreib-, Lese- oder Rechenfertigkeit – zu setzen.

Die Legasthenie verlangt eine weiter gestreute Förderung als eine erworbene Lese-Rechtschreibschwäche.

Ist eine biogenetisch bedingte Legasthenie vorhanden, so muss dem Betroffenen in allen Bereichen, die ihm Probleme bereiten, geholfen werden. Legasthene Menschen haben immer differente Sinneswahrnehmungen, wobei die betroffenen Bereiche sehr unterschiedlich sein können. Deshalb gleicht auch keine Legasthenie der anderen und deshalb müssen so individuelle Förderansätze getroffen werden. Um individuelle Ansätze zu installieren, muss der Spezialist ein sehr umfangreiches Wissen über die Problematik mitbringen. Diese differenten Sinneswahrnehmungen machen sich aber lediglich beim Schreiben, Lesen oder auch beim Rechnen in einer Art bemerkbar, die man definitiv nur in diesem Bereich als nicht wünschenswert bezeichnen kann. Andererseits befähigen aber gerade diese anders ausgeprägten Sinneswahrnehmungen legasthene oder dyskalkule Menschen oftmals zu Leistungen, die sie nur durch ihre Sicht der Dinge leisten können. Diese Leistungen machen sich speziell im kreativen und technischen Bereich bemerkbar. Diese differenten Sinneswahrnehmungen verleiten das Kind aber andererseits dazu, beim Schreiben, Lesen oder Rechnen zeitweise unaufmerksam zu sein. Diese zeitweise Unaufmerksamkeit führt tatsächlich zu vermehrten Fehlern,

Die Legasthenie ist biogenetisch bedingt, die Lese-Rechtschreibschwäche erworben

auch Wahrnehmungsfehler genannt. Deshalb müssen einerseits eine bewusste Aufmerksamkeitsfokussierung und andererseits eine gezielte individuelle Förderung auf Symptomebene, welche die Fehler reduziert, stattfinden.

Leistungen hängen von der Tagesverfassung ab

Sehr wichtig ist auch zu wissen, dass die Leistungen beim Schreiben, Lesen oder auch beim Rechnen bei Legasthenie und Dyskalkulie nicht immer gleichmäßig gut oder schlecht sind. An manchen Tagen können diese Kinder sehr gute Leistungen bringen, dann wieder trotz größter Anstrengung nicht. Dieser Umstand führt zumal zu Fehlinterpretationen durch Eltern oder auch Lehrer, die mit diesem typischen Verhalten eines legasthenen oder dyskalkulen Kindes nicht vertraut sind. Zumal kommt es dann vor, dass angenommen wird, dass das Kind eigentlich das Geforderte kann, aber vielleicht, aus welchem Grunde auch immer, nicht schreiben, lesen oder rechnen will. Leider kann aber das legasthene oder dyskalkule Kind seine Aufmerksamkeitsphasen nicht willentlich steuern und gute Leistungen sind sozusagen Zufallsprodukte. Deshalb ist es auch so wichtig, dass diese Kinder lernen, ihre Aufmerksamkeit zu fokussieren, wenn sie schreiben, lesen oder rechnen.

Daraus kann man schließen, dass es für ein legasthenes Kind definitiv zu wenig ist, wenn man es zum vermehrten Schreiben- und

Lesenüben anhält. Vielmehr muss dem Kind dabei geholfen werden, seine beim Schreiben und Lesen davoneilenden Gedanken besser in den Griff zu bekommen. Dies klingt zwar sehr einfach, ist aber für einen legasthenen/dyskalkulen Menschen eine ungeheuerlich schwer zu bewältigende Aufgabe. Nur der ständige Wille führt früher oder später dazu, dass es gelingt, bewusst aufmerksam zu sein, wenn man schreibt oder liest. Dieser erste Schritt, den das Kind gehen muss, indem es die Aufmerksamkeit ganz auf den Schreib-, Lese- oder Rechenprozess lenkt, ist wichtig, damit es zu einer Fehlerreduktion kommt. In der praktischen Arbeit zeigt sich immer wieder, dass dem Kind schon der erste Schritt einer Aufmerksamkeitsprojektion hilft, Besseres zu leisten.

Wichtig ist auch, dass man dem Kind hilft, beim Schreiben oder Lesen genauer hinzusehen und auch hinzuhören. Legasthene Kinder zeigen ein Verhalten, welches man landläufig auch als oberflächlich bezeichnet. Legasthene/dyskalkule Kinder können beim Schreiben, Lesen oder Rechnen nur sehr schwer aufmerksam und intensiv Buchstaben, Wörter oder Zahlen betrachten. Auch das aufmerksame und intensive Hinhören fällt meist schwer. Irgendwie hat man immer wieder den Eindruck, sie wollen so schnell wie möglich vom Hinsehen und Hinhören im Zusammenhang mit dem Schreiben und Lesen

Legasthenen Menschen muss im Sinneswahrnehmungsbereich, in der Aufmerksamkeitsfokussierung und in den Fehlerbereichen geholfen werden

erlöst werden. Die instinktive Ablehnung gegen Symbole wird immer wieder deutlich, wenn man mit diesen Kindern arbeitet. Genau aus diesem Grund muss unbedingt auch ein Training in diesem Bereich stattfinden. Es ist immer wieder erstaunlich, welche Fortschritte bei Kindern zu bemerken sind, wenn sie lernen, ausdauernd und ausreichend die Wörter, Sätze und auch Rechenvorgänge zu betrachten und auch intensiv zuzuhören. Vielfach wird die Wirkung dieses Sehen- und Hören Könnens für das Erlernen des Schreibens, Lesens und Rechnens völlig unterschätzt. Dieser zweite so wichtige Schritt bringt aber große Erfolge mit sich, wie die Praxis zeigt.

Letztendlich muss aber auch darauf hingewiesen werden, dass natürlich auch ein vermehrtes Üben im tatsächlichen Schreib-, Lese- und Rechenbereich stattfinden muss. Es gibt zahlreiche ausgezeichnete Ansätze, wie legasthenen/dyskalkulen Menschen auch in diesem Bereich geholfen werden kann. Ohne diesen dritten Schritt ist ein dauerhafter Erfolg nicht möglich!

Bei erworbener LRS ist die Verursachung zu berücksichtigen und im Fehlerbereich eine gezielte Förderung notwendig

Wurde aber in der Pädagogischen Förderdiagnostik festgestellt, dass die Schreib-, Lese- oder Rechenprobleme nicht durch differente Sinneswahrnehmungsleistungen hervorgerufen werden, sondern dass es sich um eine erworbene Lese-Rechtschreibschwäche handelt, sind folgende Schritte zu tätigen:

Nach erfolgter Feststellung durch eine Pädagogische Förderdiagnostik ist auch eine multiaxiale Diagnostik anzustreben, damit gesichert ist, dass das Kind die bestmögliche Förderung bekommt. Eine Behebung oder Verbesserung der Ursache ist unbedingt anzustreben, da sich sonst der gewünschte Erfolg nicht einstellen wird. Eine Hilfe durch entsprechende Gesundheitsberufe wird unumgänglich werden.

Ein wichtiger Punkt dabei wird aber sein, neben der Berücksichtigung der Verursachung, eine gezielte Förderung am Symptom (Übung im Schreib- und Lesebereich, Regelwissen verbessern, etc.) einzuleiten. Dies aber setzt ein intensives und länger andauerndes Üben sowie die fachliche Hilfe eines Spezialisten auf pädagogisch-didaktischer Ebene voraus.

Bei einer erworbenen LRS ist auch eine multiaxiale Diagnostik notwendig

Eine erworbene Lese-Rechtschreibschwäche ist im Gegensatz zur Legasthenie zumeist nur vorübergehend, aber selbstverständlich kommt es auf die Verursachung an. Tatsächlich gibt es verschiedene Bereiche, wo eine Verursachung liegen kann:

Verursachungen im physischen Bereich

- Störungen der Seh- oder Hörfunktion
- Störungen in der motorischen Entwicklung
- Störungen in der Sprachentwicklung, kognitiven Entwicklung, etc.

Verursachung im psychischen Bereich

- Krankheit oder längeres Fernbleiben vom Schulunterricht
- Wechsel im sozialen Umfeld
- Tod eines dem Kinde nahe stehenden Menschen
- Scheidung
- Sexueller Missbrauch
- Ausländer, die der Sprache nicht mächtig sind, etc.

Zusätzlich zu den Schreib, Lese- oder Rechenproblemen können sich auch im psychischen Bereich Verhaltensauffälligkeiten zeigen:

- Aggressionen – durch ständige Selbstverteidigung des Kindes
- Unruhe – besonders beim Schreiben, Lesen oder Rechnen
- Depressionen – das Kind zieht sich völlig zurück, wird zum Außenseiter
- Destruktivität - Verleugnen der Misserfolge
- Abwehrverhalten - vor allem gegen Schulbelange
- Impulsivität - unerwartetes Handeln des Kindes u.v.m.

Dies unterscheidet die erworbene Lese-Rechtschreibschwäche von der Legasthenie, die biogenetisch bedingt und ein Leben lang vorhanden ist. Legasthene Menschen können mit diesem Umstand sehr gut leben, wenn sie die entsprechende, benötigte Hilfe bekommen.

Legasthenie ist ein Leben lang vorhanden, eine LRS mitunter vorübergehend

Dyskalkulie oder Rechenschwäche

Auch bei Rechenproblemen ist festzustellen, warum diese entstanden sind, damit eine bestmögliche Förderung erfolgen kann. Auch Rechenprobleme können, ebenso wie Schreib- und Leseprobleme, verschiedenartige Verursachungen haben.

Eine Dyskalkulie ist, ebenso wie eine Legasthenie, biogenetisch bedingt und beruht auf differenten Sinneswahrnehmungen. Schwierigkeiten zeigen sich nicht selten schon beim Erlernen der Zahlensymbole. Meist fehlt ein grundlegendes Verständnis für Mengen und auch für Grundrechenoperationen.

Eine Dyskalkulie ist biogenetisch bedingt im Gegensatz zur erworbenen Rechenschwäche

Hingegen beruht die Rechenschwäche, wie die Lese-Rechtschreibschwäche, auf erworbenen Faktoren, die physische, psychische oder auch andere Ursachen haben kann. Mehr dazu noch in den späteren Kapiteln.

Bei allen Arten von Rechenauffälligkeiten sind aber stets die Grundrechenarten betroffen. Deshalb ist die Förderung auch immer in diesem Bereich anzusetzen. Oft ergibt sich bei der Förderung von Erwachsenen die Frage, welche Intervention in dieser Altersstufe erfolgen muss. Logischer Weise muss auch bei Erwachsenen ganz grundlegend bei den Grundrechenarten angesetzt werden.

Textaufgaben lösen zu können hängt vom Leseverständnis ab

Ein Trugschluss vieler Eltern und Lehrer ist die Annahme, dass in der dritten Grundstufe - nun stehen Textaufgaben am Lehrplan - legasthene oder LRS Kinder auch Probleme mit dem Rechnen hätten. Dabei liegt das Problem aber nicht am mathematischen Verständnis, sondern am mangelnden Verständnis, das Gelesene der Textaufgaben umzusetzen und folglich den Rechenvorgang aufzustellen.

Immer wieder stellt sich die Frage, warum es Menschen gibt, die ausreichend schreiben, aber nicht lesen können oder warum es Menschen gibt, die ausreichend schreiben und lesen, aber nicht rechnen können. Alle Bereiche beschäftigen sich doch mit Symbolen, Buchstaben oder Zahlen. Diese Frage haben sich auch schon Wissenschafter gestellt und darauf keine Antwort gefunden, die man als wissenschaftlich „belegbar" bezeichnen könnte. Man nimmt aber an, dass es mit dem Erfassen der Zahlen- und Buchstabensymbole zusammenhängt, die man tatsächlich nicht vergleichen kann, weil sie völlig unterschiedliche Formen und Anforderungen beim Schreiben, Lesen oder Rechnen haben. Weiters muss man auch bedenken, dass der Schreibvorgang genau umgekehrt passiert wie der Lesevorgang. Diese Tatsache erklärt auch, warum es legasthene Menschen gibt, die

Nicht in jedem Fall sind Menschen von einer Legasthenie und Dyskalkulie betroffen

zwar gut lesen, aber nicht schreiben können. Tatsächlich müssen, um eine Legasthenie oder LRS diagnostizieren zu können, nicht unbedingt beide Bereiche betroffen sein.

Legasthenie/Dyskalkulie und Lese-, Rechtschreib-, Rechenschwäche unterscheiden sich in drei Punkten:

- **Ursache und Entstehung**
- **Kennzeichen**
- **Trainingsformen**

Primärlegasthenie - Primärdyskalkulie und Sekundärlegasthenie - Sekundärdyskalkulie

Mit diesen Begriffen werden die Ausprägungen der verschiedenen Erscheinungsbilder bei Schreib-, Lese- und Rechenschwierigkeiten beschrieben.

Als Primärlegasthenie bezeichnet man eine durch biogenetisch bedingte Verursachung entstandene Schwierigkeit, das Schreiben und Lesen mit standardisierten, in den Schulen angebotenen Methoden erfolgreich zu erlernen, weil die Informationsverarbeitung anders erfolgt. In der Phase einer Primärlegasthenie verbleibt der Betroffene, wenn diese gleich erkannt wird und sofort gezielt Hilfe erfolgt. Dabei ist zu betonen, dass bei dieser Ausprägung der Legasthenie keinerlei physische, psychische oder andere Verursachungen mitwirken und die Anlage negativ beeinflussen. Gleiches gilt für die Primärdyskalkulie. Es treten lediglich durch biogenetische Anlagen und unzureichende didaktische Methoden, Schwierigkeiten im Rechnen auf.

Primärlegasthenie oder Primärdyskalkulie wird die grundsätzliche Ausprägung von Schreib- und Leseproblemen oder Rechenproblemen, die einen biogenetischen Ursprung haben, genannt

Als Sekundärlegasthenie oder Sekundärdyskalkulie bezeichnet man jene Ausprägungen, wenn die Primärlegasthenie oder die Primärdyskalkulie durch zusätzliche physische, psychische oder andere Verursachungen negativ beeinflusst werden.

Dieselben Gründe, die auch zu einer erworbenen Lese-Rechtschreibschwäche oder Rechenschwäche führen können, begründen auch die Entwicklung einer Sekundärlegasthenie.

Bei einer Sekundärlegasthenie oder Sekundärdyskalkulie verstärken vorhandene oder entstandene Sekundärprobleme physischer oder psychischer Art die Schreib- und Leseprobleme oder Rechenprobleme

Die Entwicklung einer Sekundärlegasthenie oder einer Sekundärdyskalkulie, die ihre Verursachung im psychischen Bereich begründet, ist als Prozess zu begreifen. Besonders bei psychischen Auffälligkeiten durchschreitet das betroffene Kind verschiedene Stufen. Die Anerkennung, die jeder Mensch benötigt, damit er gesund bleibt, fehlt. Die Leistungsdefizite werden für das Kind spürbar. Viele Kinder suchen in dieser Phase die Erklärung dafür in sich selbst. Die dauernde Kritik in der Schule und auch zuhause schädigt das Selbstwertgefühl schwer. Mit dem Sinken des Selbstwertgefühles kommt es zu einer Blockade der Lernbereitschaft und ein scheinbar ausweglose Zustand stellt sich ein.

Ist bei der Primärausprägung eine Pädagogische Förderdiagnose und eine

Intervention auf pädagogisch-didaktischer Ebene für einen Erfolg ausreichend, so ist bei der Sekundärausprägung unbedingt neben der pädagogisch-didaktischen Förderung eine fachlich gezielte Hilfe durch die Gesundheitsberufe notwendig.

Die folgenden Symptomatiken wurden schon bei der erworbenen Lese-Rechtschreibschwäche und Rechenschwäche als Verursachungen besprochen. Sie werden an dieser Stelle nochmals angeführt, damit eindeutig wird, dass diese einerseits dazu führen, dass eine Lese-Rechtschreibschwäche erworben wird und sich andererseits aber, bei einer biogenetischen Verursachung, verstärkend auswirken.

Symptomatiken, die bei LRS oder Rechenschwäche Ursache sind und bei einer Legasthenie/Dyskalkulie verstärkend wirken können

Verursachungen im physischen Bereich

- Störungen der Seh- oder Hörfunktion
- Störungen in der motorischen Entwicklung
- Störungen in der Sprachentwicklung, kognitiven Entwicklung, etc.

Verursachung im psychischen Bereich

- Krankheit oder längeres Fernbleiben vom Schulunterricht
- Wechsel im sozialen Umfeld
- Tod eines dem Kinde nahe stehenden Menschen

- Scheidung
- Sexueller Missbrauch
- Ausländer, die der Sprache nicht mächtig sind, etc.

Zusätzlich zu den Schreib, Lese- oder Rechenproblemen können sich auch im psychischen Bereich Verhaltensauffälligkeiten zeigen:

- Aggressionen – durch ständige Selbstverteidigung des Kindes
- Unruhe – besonders beim Schreiben, Lesen oder Rechnen
- Depressionen – das Kind zieht sich völlig zurück, wird zum Außenseiter
- Destruktivität - Verleugnen der Misserfolge
- Abwehrverhalten - vor allem gegen Schulbelange
- Impulsivität - unerwartetes Handeln des Kindes u.v.m.

Das pädagogische AFS-Testverfahren

Dieses pädagogische Testverfahren wurde entwickelt um Trainern, Lehrern und auch Eltern mehr Verständnis und Überblick über die Hintergründe von Schreib-, Lese- oder Rechenproblemen zu ermöglichen und um die praktische Arbeit, vor allem den Beginn dieser, mit legasthenen/LRS/dyskalkulen Kindern zu erleichtern. Das Testverfahren ist als Teil der Pädagogischen Förderdiagnostik zu sehen. Es wird ausschließlich von Spezialisten, diplomierten Legasthenietrainer(innen) durchgeführt, weil nur durch speziell ausgebildete Fachleute die exakte Durchführung des Testverfahrens und auch die daraus gezogenen Schlüsse gewährleistet sind.

Das pädagogische AFS-Testverfahren - eine relevante Hilfe in der Pädagogischen Förderdiagnostik

Das Testverfahren besteht aus elf Untertests, welche die für den Schriftspracherwerb und den Erwerb von Rechenfertigkeiten relevanten Bereiche überprüfen. Gemessen werden der Aufmerksamkeitsdurchschnitt mit Bildern, Halbsymbolen und Buchstabensymbolen. Weiters die Verarbeitung von optischen und akustischen Eindrücken sowie der Raumwahrnehmung, dem Alter entsprechend. Eine Fehleranalyse, erstellt anhand eines Fragenkataloges, ergänzt das Testverfahren.

Vor jeder Testphase wird der nächste Untertest genau erklärt. Eine genaue Beschreibung befindet sich im Handbuch mit der Testanweisung bzw. Testanleitung, welche vor Testbeginn vom Testleiter genau studiert werden sollte.

Ausgangspunkt für die Entwicklung des AFS-Tests war die Annahme, dass legasthene/dyskalkule Kinder beim Schriftsprachenerwerb und beim Erwerb der Rechenfähigkeiten, Schwierigkeiten mit der Sinnesverarbeitung und den dadurch ausgelösten Unaufmerksamkeitsphasen beim Zusammentreffen mit Buchstaben- oder Zahlensymbolen haben. Die Folge davon sind Wahrnehmungsfehler. Nach Auswertung von relevanten Forschungsergebnissen wurden schließlich die oben genannten Bereiche als kritisch angesehen. Die Testkonstruktion beruht im Wesentlichen auf theoriegeleiteten Überlegungen und empirischen Befunden zu den einzelnen Aufgabentypen.

Werte der Validität, Objektivität und Reliabilität

Die Validität, die Objektivität und die Reliabilität sind die drei wichtigsten Gütekriterien für empirische Untersuchungen. Die empirischen Prüfungen und die Gütekriterien zeigen, dass das Testverfahren eine hohe prognostische Validität ($\geq 0,59$ Gültigkeit) besitzt. Die Validität (validity) ist die Bezeichnung für das wichtigste Testgütekriterium. Sie gibt den Grad der Genauigkeit an, mit dem ein Testverfahren das misst, was es messen soll. Den Grad der Aufmerksamkeit der Testperson, wenn sie mit dreierlei Symbolen konfrontiert wird, den Grad der Sinneswahrnehmungen, welche man für das Schreiben, Lesen und Rechnen benötigt. Die prognostische Validität wurde anhand einer Längsschnittstudie belegt. Die hohe Korrelation erwies sich nach halbjährlicher Testwiederholung ohne zwischenzeitliche Interventionen als stabil. Unterschiedliche Testaufgaben weisen unterschiedlich hohe positive Korrelationen auf. Es wurde daher angenommen, dass das Testverfahren nicht nur eine Fähigkeit prüft, sondern dass an der Testleistung mehrere Faktoren beteiligt sind. Aus den Korrelationen der Leistungen untereinander lässt sich errechnen, wie viele Faktoren an der Gesamtheit der Leistungen beteiligt sind, welche Faktoren auf die einzelnen Aufgaben einwirken und in welchem Ausmaß jede Aufgabe mit ihren Faktoren geladen ist.

Analysen zeigten, dass der AFS-Test eine gute bis sehr gute individuelle Aussage über die Problembereiche, welche einen reibungslosen Umgang mit dem Schreiben, Lesen und/oder Rechnen verhindern, trifft. Die Zahl der Fehlklassifikationen war sehr gering.

Testverfahren trifft brauchbare Aussagen

Die Objektivität (objectivity) ist die allgemeine Bezeichnung für die Tendenz, die Wirklichkeit sachlich zu beurteilen und sich an vorhandenen Daten oder Fakten zu orientieren. Man versteht unter Objektivität das Ausmaß, in dem ein Testergebnis in Durchführung, Auswertung und Interpretation vom Testleiter nicht beeinflusst werden kann, bzw. wenn mehrere Personen denselben Test auswerten zu übereinstimmenden Ergebnissen kommen.

Der AFS-Test ist standardisiert, d.h. er enthält eine Testanweisung bzw. eine Testanleitung, die vorschreibt, wie der Test vorgenommen und durchgeführt werden muss. Das gleiche gilt für die Auswertung eines Tests, denn auch diese muss feste Regeln enthalten. Die Unbeeinflussbarkeit der Auswertung ist durch den Computer gesichert.

Die Reliabilität (reliability) ist neben der Objektivität und der Validität eines der Hauptgütekriterien diagnostischer Instrumente. Sie gibt die Zuverlässigkeit einer Messmethode an. Ein Test wird dann als reliabel bezeichnet, wenn er bei einer Wiederholung der Messung, unter denselben Bedingungen und an denselben Gegenständen, zu demselben Ergebnis kommt. Die Reliabilität dieses Tests wird mit $r_{tt} = 0{,}91$ angegeben. Die internen Konsistenzen der Subtests ließen eine eigenständige Auswertung zu. Retest-Reliabilitäten der Subtests nach sechs Monaten wiesen recht geringe Koeffizienten auf.

Probanden aus 40 Ländern

Für den deutschen Sprachraum und in weiteren 40 Ländern mit deutschsprachigen

Probanden fand in Einzeltestungen die Evaluierung unter Mitwirkung von mittlerweile mehr als dreitausend Mädchen und Buben im Alter von sieben bis vierzehn Jahren statt. Mitarbeiter des Ersten Österreichischen Dachverbandes Legasthenie (Austrian Dyslexia Association), dem Berufsverband der diplomierten Legasthenietrainer(innen) und diplomierte Legasthenietrainer aus aller Welt haben hierfür maßgebliche Arbeit geleistet.

Dieses, für den deutschen Sprachraum völlig neue, pädagogische Computertestverfahren ermöglicht, mit einem minimalen Zeitaufwand von ca. sechzig Minuten, eine eventuell vorliegende Legasthenie, LRS und/oder Dyskalkulie/Rechenschwäche festzustellen und zu kategorisieren. Die Kategorisierung ist deshalb so wichtig, weil jedes legasthene/ dyskalkule Kind seine individuelle Legasthenie/ Dyskalkulie hat. Nach der Erstellung einer positiven Diagnose wird ein speziell auf das Testergebnis abgestimmtes pädagogisches Trainingsprogramm nach der AFS-Methode erstellt und vorgeschlagen. (Auszug aus dem AFS-Testhandbuch).

Das Testverfahren wird seit 10 Jahren erfolgreich in vielen Ländern von Spezialisten, die auf pädagogisch-didaktischer Ebene arbeiten, verwendet

Die Feststellung im Gesundheitsbereich

Nun passiert es aber immer wieder, dass Kinder, die Schreib-, Lese- oder Rechenprobleme haben, welche biogenetisch bedingt sind und denen nicht rechtzeitig und gezielt, auf pädagogisch-didaktischer Ebene, durch einen Spezialisten geholfen wird, bald außergewöhnliche Verhaltensweisen zeigen. Was durchaus verständlich ist, wenn man einen Schritt zur Seite tritt und ohne Emotionen die gesamte Problematik analysiert. Das Kind wird mit einer Situation konfrontiert, die es alleine nicht bewältigen kann. Es wird täglich angehalten, Leistungen zu vollbringen, die es so, wie man es von ihm verlangt, nicht leisten kann. Weil das Kind sich bemüht, der Erfolg aber nicht gegeben ist, kommt es zu verschiedenen Verhaltensweisen der Kinder. Manche versuchen intuitiv, mit all ihrer Kraft, die Problematik zu kompensieren, was manchen sogar über einen langen Zeitraum gelingt, sodass die Menschen in ihrer Umgebung oft auch sehr spät, manchmal sogar erst in der zweiten oder dritten Schulstufe, völlig vor den Kopf gestoßen sind, dass es nun in der Schule nicht mehr klappt. Manche Kinder versuchen, ihr Problem zu überdecken, indem sie sich besonders laut hervortun oder sich leise, unauffällig, ja sogar zurückgezogen verhalten.

Sekundärlegasthenie oder Sekundärdyskalkulie verlangen zusätzlich zur Pädagogischen Förderdiagnostik eine Feststellung durch Gesundheitsberufe

Manche werden auch aggressiv oder depressiv. All diese Verhaltensauffälligkeiten passieren aber nicht unter Vorsatz.

Als Erwachsener würde man sich bewusst gegen eine solche ausweglose Situation wehren, den Kindern bleibt aber nichts weiter übrig, als sich immer wieder an den Ort Schule zu begeben, wo sie das, was man von ihnen verlangt, so nicht leisten können. Die außergewöhnlichen Verhaltensweisen sind somit nichts anderes als ein Hilferuf an die Erwachsenen, die diesen aber nicht immer oder erst sehr spät verstehen.

Vielfach kommt es zu einem grundlegenden Missverständnis zwischen dem betroffenen Kind und den Erwachsenen in seiner näheren Umgebung, den Eltern und Lehrern. Nicht selten wird das „eigenartige" Verhalten des Kindes falsch gedeutet. Man kommt zu dem Schluss, dass sich die Schreib-, Lese oder Rechenprobleme durch die Verhaltensweise des Kindes ergeben. Man glaubt also, dass sich durch das Verhalten des Kindes, Schreib-, Lese- oder Rechenprobleme ergeben haben. Man neigt eher dazu, das „gestörte" Kind therapieren zu lassen, als zu überlegen, ob es nicht etwa eine besondere Hilfe beim Schreiben, Lesen oder Rechnen benötigen würde. Dieses Fehlverhalten der Erwachsenen erklärt sich einerseits aus der Unkenntnis, dass es Menschen gibt, die, gar nicht so wenige an der Zahl, einen besonderen

Es ist ein Missverständnis, dass Schreib-, Lese- oder Rechenprobleme aus der Verhaltensauffälligkeit des Kindes entstehen

Zugang zum Schreiben, Lesen oder Rechnen haben und über das Standardschulangebot hinausgehende Methoden benötigen, damit sie diese Kulturtechniken erlernen können. Aus einer gewissen Überforderung heraus ist es den Kindern auch nicht möglich, die Problematik alleine zu lösen.

Unglücklicher Weise werden Eltern, aber auch Lehrer nicht selten – was, nochmals erwähnt, historische Wurzeln hat – Opfer eines Trugschlusses, Schreib-, Lese- oder Rechenprobleme wären eine Krankheit. Dies ist daraus entstanden, weil Mediziner sich zuerst mit dem Problem beschäftigt haben - schnell wird die Hilfe bei diversen Gesundheitsberufen gesucht und nicht, was eigentlich näher liegen würde, die Hilfe durch Pädagogen.

Die Verhaltensauffälligkeiten entstehen vielmehr aus der Überforderung des Kindes, weil sie nicht die individuellen Methoden erhalten, um auch das Schreiben, Lesen oder Rechnen zu erlernen

Nur Pädagogen aber haben die Befähigung, Menschen das Schreiben, Lesen und Rechnen beizubringen. Natürlich auch Menschen, die besondere Anforderungen an die Didaktik stellen. Dieser logische Schluss fällt aber so manchem Menschen schwer. In den meisten Fällen würde eine gezielte, individuelle Hilfe im pädagogisch-didaktischen Bereich, den Kindern schnell helfen. Oft aber bleibt die Hilfe aus und zusätzlich zu einer biogenetisch, anlagebedingten Problematik entwickelt sich tatsächlich ein Krankheitsbild, welches eine Intervention durch Gesundheitsberufe verlangt.

Viele legasthene oder dyskalkule Kinder werden erst dann erkannt, wenn sie bereits emotionale Probleme zeigen. Sie reagieren auf die stetige Überforderung in der Schule, also im Zusammenhang mit dem Schreiben, Lesen und/oder Rechnen, mit eigenartigen Verhaltensweisen. Sie sind unruhig und unaufmerksam, wenn sie schreiben, lesen und/oder rechen sollen. Dann wird von Laien zumeist der voreilige Schluss gezogen, dass die Kinder deshalb Schwierigkeiten beim Schreiben, Lesen und/oder Rechnen haben, weil sie Verhaltensauffälligkeiten haben. Dieser falsche Schluss hat sehr oft mehr als nur tragische Folgewirkungen. Tatsächlich sind die angebotenen Methoden, mit denen das Schreiben, Lesen und/oder das Rechnen ge- bzw. erlernt werden sollen, für diese Kinder nicht passend oder einfach nicht ausreichend. Somit findet der Vorgang also umgekehrt statt. Durch die unzureichenden Methoden bzw. durch die angebotenen Methoden werden die besonderen, pädagogisch-didaktischen Ansprüche nicht erfüllt. Das Kind ist überfordert und reagiert mit Verhaltensauffälligkeiten. Unglücklicher Weise werden den Kindern dann nicht die benötigten pädagogisch-didaktischen Maßnahmen geboten, sondern sie werden direkt zum Arzt oder Psychologen geschickt.

Durch Nichterkennen kommt es zu psychischen Auffälligkeiten

Auf psychologisch-medizinischer Ebene gibt es keine einheitlichen Feststellungsrichtlinien, und pädagogische Aspekte werden meist völlig außer Acht gelassen. So beginnt für viele betroffene Kinder ein nicht enden wollender Irrweg, der nicht selten von völlig sinnlosen Therapien begleitet wird. Fazit ist ein oft niedriger Schulabschluss, der in keinem Verhältnis zu den kognitiven Fähigkeiten des Kindes steht.

Auf psychologisch-medizinischer Ebene gibt es keine einheitlichen Feststellungsrichtlinien

Die andere Möglichkeit aber ist, dass die gesamte Schreib-, Lese- oder Rechenproblematik, wie schon beschrieben, auf bereits vorhandenen psychischen oder physischen Ursachen beruht. Auch dann ist eine Intervention durch diverse Gesundheitsberufe unbedingt notwendig.

Wann die Feststellung auf welcher Ebene erfolgen muss

Befindet sich das Kind schon auf jener Stufe, wo aus einer anlagebedingten Problematik in der Folge bereits auch ein Krankheitsbild geworden ist, weil man nicht erkannt hat, dass das Kind eine individuellere Didaktik benötigen würde, um auch das Schreiben, Lesen oder Rechnen zu erlernen, oder ist eine erworbene Lese-Rechtschreibschwäche oder Rechenschwäche vorhanden, müssen nach erfolgter pädagogischer Feststellung zusätzlich diverse Spezialisten hinzugezogen werden, damit ein umfassendes Bild der Problematik entsteht und daraus die Interventionen abgeleitet werden, die das Kind benötigt.

Zusammenfassend soll auch an dieser Stelle nochmals darauf hingewiesen werden, dass eine Legasthenie/Dyskalkulie in der Primärform – das Kind zeigt lediglich Schwierigkeiten beim Erlernen des Schreibens, Lesens oder Rechnens, weil es mit den in der Schule angebotenen Methoden nicht das Auslangen findet und nicht in der gleichen Geschwindigkeit, wie seine Klassenkameraden die geforderten Leistungen erbringen kann – auf keinen Fall als Schwäche, Störung, Krankheit oder Behinderung gesehen werden sollte,

Legasthenie und Dyskalkulie in ihrer grundsätzlichen Ausprägung sind nicht als Schwäche, Störung, Krankheit oder als Behinderung zu bezeichnen

sondern als anlagebedingte Gegebenheit, die eine große, weltweite Verbreitung hat, denn ungeachtet der Sprache oder Schrift, betrifft diese Problematik viele Menschen.

Betrachten wir die ganze Sache doch einmal umgekehrt. Die Anforderungen an die Didaktik, welche legasthene und dyskalkule Menschen stellen, wäre die, welche herkömmlich in der Schule präsentiert werden würde, legasthene und dyskalkule Menschen würden also keine Schwierigkeiten haben, dass Geforderte zu erfüllen, so würde wirklich niemand auf die Idee kommen, diese besondere Anlage als Krankheit zu bezeichnen.

Betroffene finden lediglich mit den in der Schule angebotenen Methoden nicht das Auslangen

Es ist sehr interessant, dass es bezüglich dieser besonderen Ansprüche an die Didaktik, doch auch schon in manchen Schulversuchen dazu gekommen ist, dass alle Kinder, egal ob legasthene/dyskalkule oder nicht-legasthene/nicht-dyskalkule, nach Methoden, die sich für legasthene oder dyskalkule Menschen bewährt haben, unterrichtet werden. Und das mit dem eigentlich gar nicht überraschenden Ergebnis, dass alle Kinder das Schreiben, Lesen und Rechnen erlernen. Die oben genannte Überlegung ist also gar nicht so futuristisch und man sollte vielleicht tatsächlich daran arbeiten, diese bewährten Methoden weit reichender einzusetzen.

Die Wertung der physischen oder der psychischen Verursachung

Wie schon beschrieben, können natürlich Schreib-, Lese- und Rechenschwierigkeiten auch darauf zurückzuführen sein bzw. auch daraus entstehen, dass das Kind im physischen Bereich, zum Beispiel im Hören oder Sehen, Abweichungen von der Norm zeigt.

So können auch vorhandene, physische Sehprobleme durchaus beim Erlernen des Schreibens, Lesens und Rechnens hinderlich sein und dazu führen, dass das Kind nicht den Anforderungen entsprechen kann.

Auch ein funktionierendes, physisches Hörvermögen ist ein wichtiger Bestandteil dafür, dass der Schreib-, Lese- und Rechenprozess funktioniert. Deshalb ist eine Abklärung, sollte ein begründeter Verdacht bestehen, dass nicht nur im Bereich der Sinneswahrnehmungsverarbeitung sondern auch im physischen Bereich – körperliche Auffälligkeiten des exakten Sehens und exakten Hörens – durch einen Facharzt unbedingt notwenig. Damit soll auch diese Möglichkeit der Verursachung von Schreib-, Lese- oder Rechenproblemen oder auch als verstärkendes Element bei Legasthenie/Dyskalkulie in Betracht gezogen werden.

Körperlich bedingte Seh- und Hörprobleme müssen abgeklärt werden

Bei den psychischen Verursachungen, die eine Schreib-, Lese oder Rechenproblematik zur Folge haben, muss man unbedingt zwei Gruppen unterscheiden.

Zur ersten Gruppe gehören die Menschen, die bereits vorhandene oder entstandene psychische Auffälligkeiten zeigen, welche nicht das Versagen im Schreib-, Lese- oder Rechenbereich als Verursachung aufweisen:

Zwei Gruppen: Vorhandene oder entstandene psychische Auffälligkeiten sind Verursachung oder durch das Versagen entstehen psychische Auffälligkeiten

Wie schon ausgeführt existiert auch die so genannte erworbene Lese-Rechtschreibschwäche, die sich von der biogenetisch bedingten Legasthenie unterscheidet. Es gibt auch Menschen, bei denen bereits psychische Störungen bzw. seelische Erkrankungen vorhanden sind, die zwar nicht Schreib-, Lese- oder Rechenauffälligkeiten als Verursachung haben, jedoch aber zu diesen führen. Aus diesen psychischen Störungen werden also Probleme in den Kulturtechniken abgeleitet, beziehungsweise diese psychischen Störungen bedingen das erschwerte Erlernen des Schreibens, Lesens oder Rechnens.

Zur zweiten Gruppe gehören die Menschen, die im Zusammenhang mit dem Versagen im Schreib-, Lese- oder Rechenbereich entstandene psychische Auffälligkeiten aufweisen:

Durch einen anhaltenden Misserfolg und auch anhaltende Kritik beginnt sich die kindliche Psyche zu verändern, was auch nicht verwunderlich ist. Wenn alle Bemühungen und Anstrengungen des Kindes nicht fruchten, man ständig als anders, faul, oder gar dumm hingestellt wird, weil man mit dem Schreiben, Lesen oder Rechnen nicht zurecht kommt, so wie es sich der Lehrer oder auch die Eltern vorstellen und auch erwarten, dann gelangt auch jedes noch so robuste Kind an eine Stelle, wo es irgendwann aufgibt.

Dauernde Misserfolge führen zu psychischer Überforderung und damit zu psychischen Auffälligkeiten

Dieses Aufgeben zeigt sich vielfältig, weil auch kein Mensch dem anderen gleicht. Wie schon beschrieben, ist die Palette der Auffälligkeiten sehr verschieden. So werden manche Kinder aggressiv, oder stören ständig die Arbeit der anderen Kinder, wandern im Klassenzimmer umher, setzen sich ständig in den Vordergrund, verspüren also einen verstärkten Geltungsdrang, oder ziehen sich auch völlig in sich zurück, geben sich Tagträumen hin oder nehmen keinen Anteil mehr an den Geschehnissen während des Unterrichts.

Diese Auffälligkeiten können sich noch verstärken und zu tatsächlichen, echten psychischen Störungen werden, die einer dringenden Behandlung durch den Kinderpsychiater bedürfen. So weit sollte es aber in keinem Fall kommen, weshalb die

Entscheidend ist die Früherkennung und die gezielte Hilfe

Früherkennung der Problematik so wichtig ist. Eine Verleugnung oder Verharmlosung von Schreib-, Lese- oder Rechenproblemen hat für viele Kinder katastrophale Folgen, welche sich gar nicht selten auf das gesamte Leben negativ auswirken.

Die multiaxiale Diagnostik

Diese Form der Diagnostik soll dazu dienen, weitere Verursachungen, die zu Schwierigkeiten beim Erlernen des Schreibens, Lesens, Rechnens führen können, zu entdecken:

▸ Seelische Erkrankungen, also klinisch-psychiatrische Faktoren und körperliche Anomalitäten, also physiologisch-neurologische Faktoren, wurden bereits erwähnt.

▸ Es kann aber auch bei der Entwicklung der Sprache oder der Motorik, man nennt dies auch entwicklungsbedingte Faktoren, zu Abweichungen von der Norm kommen, welche das Erlernen der Kulturtechniken erschweren.

Verschiedene Bereiche werden durch Gesundheitsberufe abgeklärt

▸ Natürlich spielt auch die Intelligenzentwicklung, also intelligenzabhängige Faktoren eine wesentliche Rolle, wie erfolgreich ein Kind beim Erlernen des Schreibens, Lesens oder Rechnens ist.

▸ Um schließlich noch ein sehr relevantes Kapitel anzusprechen, die individuell-biographischen Faktoren, das Lebensumfeld des Kindes und die familiären und schulischen Gegebenheiten, die auch wesentlich zum Erfolg oder Misserfolg der schulischen Leistungen beitragen können.

Liegt die Vermutung nahe, dass Schreib-, Lese- oder Rechenprobleme auf psychische, physische oder auch entwicklungsbedingte, intelligenzabhängige oder individuell-biographische Faktoren zurückzuführen sind, oder aber auch eine biogenetisch bedingte Legasthenie durch verschiedene Faktoren verstärkt wird, so ist eine multiaxiale Diagnostik zu befürworten. Sie sollte im Anschluss an eine Pädagogische Förderdiagnostik, einer Feststellung auf pädagogischer Basis, durchgeführt werden.

Die Schlüsse aus der Pädagogischen Förderdiagnostik sind für diese Ebene der Förderung relevant

Die Schlüsse aus der Pädagogischen Förderdiagnostik und aus der multiaxialen Diagnostik - wo klinisch-psychiatrische Faktoren, physiologisch-neurologische Faktoren, entwicklungsbedingte Faktoren, intelligenzabhängige Faktoren sowie individuell-biographische Faktoren abgeklärt werden – sollen für eine umfassende Hilfestellung herangezogen werden.

Über „echte" Krankheitsbilder und Kennzeichen/ Begleitsymptome bei Legasthenie/Dyskalkulie

„Es war täglich die gleiche Situation: sobald es darum ging, die Hausaufgaben im Schreiben oder Lesen zu machen, begann mein Sohn auf dem Sessel hin und her zu rutschen, nahm einen Bleistift zur Hand, legte ihn wieder aus der Hand, nahm ihn wieder her, legte ihn wieder weg, nahm ihn, klopfte auf den Tisch, steckte ihn in den Mund und dies ging solange, bis ich ihm sehr eindringlich sagte, endlich mit dem Schreiben zu beginnen. Als er nun endlich schrieb, war er offensichtlich mit seinen Gedanken überhaupt nicht dabei und Fehler um Fehler passierten. Hingegen war die Rechenaufgabe nie ein Problem, die ging beinahe von selbst und auch zügig voran. Ich wandte mich um Hilfe an die Lehrerin, die mir riet, mich an einen Psychologen zu wenden, weil anscheinend mit meinem Kind ja was nicht stimmte, denn in der Schule war er auch kaum dazu zu bewegen, seine Schreibarbeiten zu erledigen. Lieber machte er alles

Oft werden Begleitsymptome oder Kennzeichen bei einer Legasthenie oder Dyskalkulie mit echten Krankheitsbildern verwechselt

andere, wie sie sich ausdrückte. Trotz meiner inneren Ablehnung, um diese Zeit konnte ich dies alles noch nicht deuten, denn mein Sohn verhielt sich nur beim Schreiben und Lesen so, konsultierte ich einen Psychologen und nach einem eingehenden Gespräch - ich informierte ihn unter anderem auch über den Umstand, dass das Rechnen meinem Sohn keine Probleme bereitete und er sich bei dieser Aufgabenstellung nie unruhig verhält - und einigen Tests, die er mit meinem Sohn durchführte, stand seine Diagnose fest, mein Sohn litt unter Hyperaktivität und auch Konzentrationsstörungen. Ich wurde zu einem Kinderpsychiater geschickt, welcher meinem Sohn Medikamente verordnete. In meiner grenzenlosen Unwissenheit und natürlich in der Hoffnung, die Hausaufgabensituation zu verbessern, denn es war manchmal wirklich nicht leicht und ich spürte schön langsam, dass ich selbst so nicht weitermachen kann, verabreiche ich meinem Sohn auch die verordneten Medikamente. Doch tatsächlich war mein Sohn jetzt irgendwie teilnahmslos und er war auch überhaupt anders geworden. Die Leistungen waren, wie es mir vorkam durch die Teilnahmslosigkeit, auch nicht besser geworden. Aus meinem so interessierten Kind war ein Kind

Medikamente machten das Kind teilnahmslos

geworden, welches ich nicht mehr zu kennen glaubte. Ich war verzweifelt und setzte die Medikamente aus. Nach kurzer Zeit war mein Kind zurück und ich war froh darüber, denn für mich stand nun fest, dass es mir wesentlich lieber war, ein rutschendes und tagträumerisches Kind zu haben, als ein teilnahmsloses. Gerade um diese Zeit bekam mein Kind eine andere Klassenlehrerin. Sie war jung, dynamisch und auch sehr interessiert, allen ihr anvertrauten Kindern, auch den „Schwierigen", das Schreiben, Lesen und Rechnen beizubringen. Sie war es auch, die sehr schnell erkannte, dass mein Sohn weder hyperaktiv noch konzentrationsschwach war, sondern lediglich an einer Legasthenie litt. Sie erklärte mir, warum es zu den Verhaltensweisen kommt und leitete mich auch sehr gut an, zuhause mit meinem Kind zu arbeiten. Es war anfangs nicht leicht, doch wir hielten beide durch und schon bald hörte das Rutschen und das Abschweifen der Gedanken auf. Die Lehrerin motivierte und lobte meinen Sohn auch über alle Maßen und er entwickelte sich binnen eines Jahres im Schreiben, und besonders im Lesen, sehr positiv. Er lernte, bewusst seine Gedanken zu beherrschen, wenn er schrieb und las und er lernte auch, genau hinzusehen

> Weder hyperaktiv noch konzentrationsschwach, sondern lediglich zeitweise unruhig und unaufmerksam beim Schreiben und Lesen

und auch hinzuhören. Oft sagte er, dass er so froh ist, dass ihm die Lehrerin gesagt hat, dass man aufmerksam sein muss, wenn man schreibt und liest und er war so motiviert, weil er selbst die Verbesserungen bemerkte. Mit Groll denke ich immer daran, zu tief waren die Eindrücke, was uns die Unwissenheit und auch die Unfähigkeit einiger Personen angetan hatte. Doch bin ich auch unendlich dankbar, dass wir auf einen Menschen gekommen sind, der uns so entscheidend geholfen hat. Das alles ist viele Jahre her, aber von mir nicht unvergessen. Mein Sohn hat ein technisches Studium in kürzester Zeit hinter sich gebracht und geht in seinem Beruf auf. Das Schreiben ist aber nach wie vor nicht seine Welt."

Die zeitweise Unaufmerksamkeit oder Unruhe macht sich aber nur beim Schreiben, Lesen oder Rechnen bemerkbar

Legasthene oder dyskalkule Menschen sind oftmals unaufmerksam oder auch unruhig, wenn sie schreiben, lesen oder rechnen. Diese Verhaltensweisen haben aber nichts mit echten Krankheitsbildern, wie z.B. Hyperaktivität oder auch Aufmerksamkeits- oder Konzentrationsstörungen zu tun. Tatsächlich zeigen sie diese Verhaltensweisen in anderen Lebensbereichen nicht – und genau dies macht den relevanten Unterschied aus. Man nennt diese Verhaltensweisen, die sich lediglich auf den Schreib-, Lese- oder Rechenbereich beschränken, auch

Kennzeichen oder Begleitsymptome einer Legasthenie/Dyskalkulie. Was aber legasthenen/dyskalkulen Menschen oft zum Verhängnis wird, ist die Tatsache, dass diese Kennzeichen oder Begleitsymptome echten Krankheitssymptomen gleichen und diese folglich von Spezialisten, die über Legasthenie/Dyskalkulie wenig bis gar nichts wissen, falsch gedeutet werden. Fehldiagnosen sind die Folge.

Unter Fehldiagnosen leiden die Betroffenen oft schwer

Die Aussagekraft von Lese-Rechtschreibtests bei legasthenen Menschen

„Mein Kind wurde zu einem Lese-Rechtschreibtest geschickt, weil die Schulleistungen in diesem Bereich sehr schlecht waren und die Lehrerin vermutete, dass mein Sohn eine Lese-Rechtschreibschwäche hat. Mehr als erstaunt waren wir, als er diesen Test bestens bestand. Der Psychologe, der den Test machte, eröffnete mir, dass mein Kind keine Lese-Rechtschreibschwäche hat. Auf meine Frage, warum er dann so viele Fehler beim Schreiben macht, wusste er keine Antwort. Auch als ich ihm die Leistungen meines Sohnes im Schreiben augenscheinlich machte, indem ich ihm die Schulhefte präsentierte, ging er davon nicht ab, dass er auf alle Fälle keine Lese-Rechtschreibschwäche hatte. Auf meine nochmalige Frage, was dann mit ihm los sei und wie ich ihm helfen könnte, kam nur noch einmal die Erklärung, dass er den Test bestens bestanden hat und deshalb keine Lese-Rechtschreibschwäche hat. Ich war nicht nur erstaunt über diese Vorgänge, sondern auch verärgert. Da wird ein Kind getestet, doch wir waren keineswegs

Legasthene Menschen können zumal ausgezeichnete Leistungen bei Lese-Rechtschreibtests erbringen, die mit ihren sonstigen Schreib-, Leseleistungen nicht übereinstimmen

Heute super Leistungen, morgen unglaublich schlechte

gescheiter und eine Lösung oder Hilfe war auch nicht in Sicht. Das unglaubliche Testergebnis änderte ja nichts daran, dass die Probleme in der Schule weiter gingen. Ich dachte sogar daran, dass es vielleicht zu irgendeiner Verwechslung gekommen sei und die tatsächlichen Leistungen meines Sohnes einem anderen Kind zugeschrieben worden sind. Andererseits hatte ich mein Kind schon oft beobachtet: Er konnte wirklich Leistungen erbringen, die hervorragend waren um, kehr um die Hand, wieder dieselben Wörter, die er noch einen Absatz zuvor richtig geschrieben hatte, wieder falsch zu schreiben. Es gab Situationen, da war ich richtig verärgert über ihn, weil ich dachte, er will mich anscheinend nur ärgern oder damit meine Aufmerksamkeit erregen. Doch schnell verwarf ich diese Gedanken wieder, denn im Grunde machten sie keinen Sinn. Was noch dazu kam, war für mich noch unverständlicher, denn die Lehrerin eröffnete mir doch glatt, dass sie auf meinem Sohn bezüglich seiner Schreib- und Leseprobleme keine Rücksicht bei der Beurteilung nehmen könnte, denn es war ja nun amtlich, dass mein Sohn keine Lese-Rechtschreibschwäche hatte. Seine Leistungen waren ja, wie gesagt nicht konstant schlecht, sondern wechselten.

Ich konnte aber kein Muster erkennen, wann und warum die Leistungen gut oder schlecht waren. Ich versuchte ihm zu helfen und wir haben so manche Stunde damit verbracht, Wörter zu üben und zu üben und zu üben, die er dann am nächsten Tag wieder falsch schrieb. Ich war verzweifelt und er begann, sich immer mehr in sich zurückzuziehen, am liebsten war er in seinem Zimmer und hämmerte auf die Tastatur seines Computers. Leider ließen nun die gesamten Leistungen in der Schule nach und er hatte immer weniger Lust, überhaupt in die Schule zu gehen. Ich hatte Panik, doch wenn ich heute so zurückblicke, glaube ich, dass genau diese Panik mich dazu bewegte, die Flucht nach vorne anzutreten. Ich begann das Internet nach Informationen abzusuchen und wurde schon bald fündig. Ich las Beschreibungen, die so genau auf meinen Sohn passten, dass ich es gar nicht für möglich hielt. So einfach also war die Sache, mein Sohn war anscheinend Legastheniker, der also in der Testsituation Leistungen erbracht hatte, die absolut nicht mit seinen alltäglichen Leistungen zusammen passten. Ich fand auch einen Lehrer, der spezialisiert auf diesem Gebiet war und meinem Sohn das Schulgehen wieder erträglich machte. Er erzählte

In Testsituationen bringen legasthene Kinder zumal Höchstleistungen

mir auch, dass ein Ergebnis, wie mein Sohn es beim Lese-Rechtschreibtest erzielte, bei legasthenen Menschen gar nicht selten vorkommt, weil in gewissen Stresssituationen legasthene Menschen außergewöhnliche Leistungen erbringen können, die von tatsächlich lese-rechtschreibschwachen Kindern nie erzielt werden können. Nur die Schlüsse, die dann daraus gezogen werden, bringen oft schwere Nachteile für die legasthenen Menschen."

Keine Einzelfälle!

Ein Einzelfall, werden die angesprochenen Berufsgruppen sofort sagen. Nein, leider keineswegs und gerade im Arbeitsbereich des Pädagogen an der Tagesordnung. Immer wieder werden Spezialisten, die auf pädagogisch-didaktischer Ebene mit Betroffenen arbeiten, damit konfrontiert!

Ergebnisse, die legasthene Menschen bei einem Lese-Rechtschreibtest erzielen, hängen tatsächlich von der Tagesverfassung und der Motivation ab!
Aber gehen wir wieder einmal zur Seite und versuchen, diese Sache neutral zu betrachten. Schließlich ist es dann doch nicht sehr verwunderlich, dass so widersprüchliche Ergebnisse – einerseits macht das Kind übermäßig viele Fehler in der täglichen Schreib- und Leseleistung, andererseits kann es eine sogar ausgezeichnete Leistung

beim Lese-Rechtschreibtest erbringen, also die täglich erbrachten Leistungen mit den Testleistungen überhaupt nicht konform gehen – so manchen Menschen zum Nachdenken und Erklären veranlassen. Selbst ein Laie wird sich fragen, wie so etwas denn möglich sein kann und folglich nach Erklärungen suchen. Genau dann aber sollten Spezialisten, die solche Tests durchführen, kompetent genug sein und wissen, warum es bei legasthenen Menschen zu solchen Ergebnissen bei Lese-Rechtschreibtests kommen kann.

Spezialisten, die auf pädagogischer Ebene feststellen und arbeiten, ziehen deshalb Schreib- und Leseleistungen, welche über einen längeren Zeitraum gesammelt worden sind, zu einer Analyse heran. Diese Leistungen sind wesentlich aussagekräftiger als die Momentanleistungen bei Lese-Rechtschreibtests und daraus werden auch die Förderansätze abgeleitet.

Analysen von Schreib- und Leseleistungen, die über einen längeren Zeitraum erbracht worden sind, bringen gute Aufschlüsse

Dagegen fällt es bei den gängigen Rechentests nicht so häufig auf, dass die dyskalkulen Kinder wenig aussagekräftige Testergebnisse erzielen. Damit kann man die Ergebnisse von Rechentests als wesentlich bessere Grundlage der Information für ein nachfolgendes Training, sowohl bei dyskalkulen, als auch bei rechenschwachen Kindern, welche die Problematik erworben haben, annehmen.

Die Aussagekraft von Intelligenztests bei legasthenen/dyskalkulen Menschen

„Als Kind führte man bei mir einen Intelligenztest durch, weil ich große Probleme mit dem Schreiben hatte. Das Ergebnis war im ersten Moment insbesondere für meine Eltern niederschmetternd, denn meine Intelligenz wurde mit 85 bemessen und damit meine Probleme im Schreiben begründet. Was soviel bedeutet, wie unterdurchschnittlich begabt oder laienhaft ausgerückt, dass ich ein „ziemlich dämlicher" Mensch sei. Es interessierte den Testdurchführenden anscheinend nicht, dass ich sowohl beim Lesen und auch beim Rechnen sogar sehr gute Ergebnisse in der Schule erzielte, interessiert war man auch gar nicht an der Tatsache, dass ich mit meinen erst neun Jahren eine hervorragende Schachspielerin war und auch Erwachsenen Paroli bieten konnte. Zum Glück hatten meine Eltern mehr Verstand als der hoch dotierte Herr Doktor, der zu diesem Testergebnis kam und hinterfragten, nachdem sich der erste Schock gelegt hatte, lautstark dieses

Intelligenztests sagen über eine Legasthenie oder Dyskalkulie nichts aus

Ergebnis. Es stellte sich heraus, dass man bei mir ein Testverfahren benutzt hatte, welches die Intelligenz anhand von Sinneswahrnehmungsleistungen misst. Meine Eltern hatten aber zu diesem Zeitpunkt bereits herausgefunden, dass ich Probleme mit dem genauen Hinsehen und auch mit dem genauen Hinhören beim Schreiben hatte, warum auch immer war zwar damals nicht bekannt. Sie betrachteten deshalb das Testergebnis als völlig wertlos, ja lächerlich. Durch die Hilfe meiner Mutter, die mir das gesamte Schulleben felsenfest zur Seite stand, und auch Deutsch- und Englischlehrer, die meine Probleme in der Rechtschreibung nicht zum Anlass nahmen, mir eine höhere Schulbildung zu verwehren, kann ich heute als bekennende Legasthenikerin auf meine bisherigen Leistungen mit Stolz, aber auch mit Genugtuung zurückblicken. Ich habe ein Mathematikstudium hinter mir und bin Anwärter auf eine Universitätsprofessur... und dies mit einem offiziell festgestellten IQ von 85..."

Universitätsprofessur mit einem IQ von 85?

Ein Einzelfall, werden die angesprochenen Berufsgruppen sofort sagen. Nein, leider keineswegs sondern vielmehr an der Tagesordnung!

Durch die Beschreibung der Gesundheitsberufe von Schreib-, Lese- oder Rechenproblemen als Krankheit, greift man natürlich auch bei der Feststellung von dieser Seite auf Intelligenztests zurück, ein beliebtes Werkzeug von Psychologen im Diagnoseprozess, weil man anscheinend über keine anderen Mittel verfügt. Tatsache ist, dass man bei legasthenen Menschen mittels eines Intelligenztests weder die tatsächliche Intelligenz messen, noch eine Legasthenie oder Dyskalkulie feststellen kann. Es ist ja geradezu ein Vergehen, die Intelligenz eines Menschen mit den Bereichen bestimmen zu wollen, die bei ihm anders ausgebildet sind, als bei nicht legasthenen Menschen.

Beliebtes Werkzeug der Psychologen am Prüfstand

Als Beispiel beleuchten wir den Hamburger Wechsler Intelligenztest für Kinder, auch allgemein im deutschen Sprachraum als HAWIK bekannt. Der Test wurde in den 30er Jahren von David Wechsler in den USA als Wechsler Intelligence Scale for Children, auch als WISC bekannt, entwickelt. Die erste deutsche Fassung wurde 1956 als erste deutschsprachige Version in Hamburg publiziert. Seit dem Ende der 90er Jahre gibt es die noch heute in Deutschland, Österreich und der Schweiz gebräuchliche Ausgabe. Er ist ein beliebtes, weit verbreitetes Werkzeug der Psychologen, die Intelligenz bei Menschen von 6 bis 16 Jahren und 11 Monaten zu messen. Er soll ermitteln, ob die geistige Entwicklung des Probanden dem Alter entspricht. Er wird für die Diagnostik von Lernbehinderungen und Leistungsstörungen, für die Hochbegabtendiagnostik und die neuropsychologische Diagnostik verwendet.

Das Wort Intelligenz kommt von dem lateinischen Wort „intelligentia", was soviel wie geistige Fertigkeit oder Klugheit bedeutet.

David Wechsler definiert Intelligenz wie folgend:

„Intelligenz ist ein hypothetisches Konstrukt, ist die zusammengesetzte oder globale Fähigkeit des Individuums zielgerichtet zu handeln, rational zu denken und sich wirkungsvoll mit seiner Umwelt auseinanderzusetzen. Sie ist zusammengesetzt oder global, weil sie aus Elementen oder Fähigkeiten besteht, die, obwohl nicht völlig unabhängig, qualitativ unterscheidbar sind."
(Vgl. Uwe Tewes, HWAIE-R).

Die Wechsler Definition von Intelligenz enthält die besonderen Stärken von legasthenen oder dyskalkulen Menschen

Die zusammengesetzte und globale Fähigkeit zielgerecht zu handeln, rational zu denken und sich wirkungsvoll mit der Umwelt auseinander zu setzen sind alles besondere Stärken, die legasthene oder dyskalkule Menschen besitzen! Interessanter Weise könnte man gerade die Stärken von legasthenen und dyskalkulen Menschen so definieren. Allerdings sind die Aufgabenstellungen, die Wechsler ausgewählt hat unzureichend, um die Intelligenz bei Menschen mit differenten

Sinneswahrnehmungen, so wie sie legasthene und dyskalkule Menschen haben, zu testen.

Mit dem HAWIK sollen die praktische, die verbale und die allgemeine Intelligenz im Sinne des Globalkonzepts von Wechsler ermittelt werden. Ermittelt wird die geistige Entwicklung anhand von 13 Tests, inkl. 3 Zusatztests, wie z.B. Bilderergänzen, Bilderordnen, Mosaik-Test, Labyrinth-Test, Gemeinsamkeiten finden, Figurenlegen, Symbol-Test, Wortschatz-Test, Zahlen-Symbol-Test, rechnerisches Denken, Zahlennachsprechen.

Es gibt 4 Indizes für Teilleistungsbereiche:

▶ Sprachliches Verständnis
▶ Wahrnehmungsorganisation
▶ Unablenkbarkeit
▶ Arbeitsgeschwindigkeit

Die einzelnen Testbereiche

▶ 1.) Bilderergänzen: Getestet werden die Beobachtungsfähigkeit, die Fähigkeit zum Erkennen fehlender Details bei vertrauten Objekten und die Fähigkeit, zwischen wesentlichen und unwesentlichen Details zu unterscheiden. Es müssen fehlende Details erkannt werden, indem auf die Stelle der Bildvorlage gezeigt wird.

▶ 2.) Allgemeines Wissen: Getestet wird die Breite des erworbenen Wissens, das Langzeitgedächtnis für Fakten, das Interesse und die Neugier für kulturspezifische Kenntnisse. Es müssen eine Reihe von Wissensfragen mündlich beantwortet werden.

▶ 3.) Zahlen-Symbol-Test: Getestet werden die visumotorische Koordination, die Konzentration und Arbeitsgeschwindigkeit und das visuelle Kurzzeitgedächtnis. Es müssen Symbole nach einem Zuordnungsschlüssel nachgezeichnet werden.

▶ 4.) Gemeinsamkeiten finden: Getestet wird das Erkennen von unmittelbaren, funktionalen oder abstrakten Beziehungen zwischen Begriffen, Objekten, Qualitäten auf Grundlage von Analogiebildungen und verbales Schlussfolgern, sprachliche Konzeptfindung, Denken in abstrakten Kategorien. Es müssen Gemeinsamkeiten bzw. der Oberbegriff von zwei Begriffen gefunden werden.

▶ 5.) Bilderordnen: Getestet werden das praktische Urteilsvermögen beim Erkennen kognitiver Ereignisfolgen, sowie Ursache und Wirkungszusammenhänge, schlussfolgerndes Denken, Aufmerksamkeit für Details und Hintergrundinformationen. Es müssen Bilder aus einer falschen Reihenfolge so geordnet werden, dass die Geschichte einen Sinn ergibt.

▶ 6.) Rechnerisches Denken: Getestet werden die akustische Merkfähigkeit, das Arbeitsgedächtnis, das Konzentrationsvermögen und die Fähigkeit, Rechenaufgaben unter Zeitdruck zu lösen. Es müssen Rechenaufgaben, die gelesen oder vorgelesen werden, im Kopf gelöst werden.

▶ 7.) Mosaik-Test: Getestet wird die räumliche Wahrnehmung, die visumotorische Koordination und die Unterscheidung zwischen Teilen und dem Ganzen beim Erkennen abstrakter visueller Muster. Es muss ein zweifarbiges Muster nach der Vorlage gebaut werden.

▶ 8.) Wortschatztest: Getestet wird der Wortschatz, der Umfang des Wortschatzes, die Fähigkeit zur Definition von Begriffen und die allgemeine sprachliche Entwicklung. Von einem vorgelesenen Wort muss eine verbale Definition gegeben werden.

▶ 9.) Figurenlegen: Getestet werden das Wiedererkennen von vertrauten Objekten und das Erkennen von der Beziehung zwischen Teilen und dem Ganzen. Es müssen die Einzelteile eines Puzzles mit der Hand in limitierter Zeit zu einem allgemein bekannten Gegenstand zusammengesetzt werden.

▶ 10.) **Allgemeines Verständnis:** Getestet werden das praktische Urteilsvermögen und die Kenntnis konventioneller, sozialer Regeln und ihrer Bedeutung. Beantwortung mündlich gestellter Fragen, die sich auf die allgemeinen Probleme oder soziale Regeln und Konzepte beziehen.

▶ 11.) **Symbolsuche:** Getestet werden die Beobachtungsgenauigkeit, die Konzentration und die Geschwindigkeit geistiger Verarbeitungsprozesse. Es müssen zwei Gruppen von abstrakten Formen visuell verglichen werden und es muss herausgefunden werden, ob eine bestimmte Form in beiden Gruppen vorhanden ist.

Im HAWIK wird die Intelligenz in 9 von 13 Untertests mittels Sinneswahrnehmungsleistungen gemessen

▶ 12.) **Zahlennachsprechen:** Getestet werden die akustische Merkfähigkeit, das Arbeitsgedächtnis, die Aufmerksamkeit und die Konzentrationsfähigkeit. Mündlich müssen vorgegebene Ziffernfolgen identisch oder rückwärts wiedergegeben werden.

▶ 13.) **Labyrinth-Test:** Getestet werden das planende Denken, die visuelle Wahrnehmungsorganisation, die visumotorische Koordination und die Konzentration. In einem Labyrinth muss vom Zentrum aus, der Ausgang in limitierter Zeit gefunden werden, wobei keine Sackgasse und keine Wand durchkreuzt werden darf.

In 9 von 13 Testteilen des HAWIK wird also mittels Sinneswahrnehmungsleistungen die Intelligenz gemessen. Leistungen, die nur mit ausreichend ausgebildeten Sinneswahrnehmungen erbracht werden können.

Wie aber bekannt ist, haben legasthene oder dyskalkule Menschen von der Norm abweichende Sinneswahrnehmungen. Diese Sinneswahrnehmungen, die eine differente Informationsverarbeitung zur Folge haben, was sonst lediglich das Erlernen des Schreibens, Lesens oder Rechnens negativ beeinflusst, aber absolut nichts mit der Intelligenz des legasthenen oder dyskalkulen Menschen zu tun hat, fallen aber speziell bei einem Intelligenztest, der der Sinneswahrnehmungsnorm angepasst ist, schwerwiegend ins Gewicht.

Diese Sinneswahrnehmungsleistungen müssen für ein problemloses Erlernen des Schreibens, Lesens und Rechnens einwandfrei funktionieren. Bei legasthenen oder dyskalkulen Menschen sind diese teilweise oder komplett different ausgeprägt:

Mit einer kontinuierlichen Verbesserung der Sinneswahrnehmungsleistungen werden wesentliche Voraussetzungen für verbesserte Leistungen beim Schreiben, Lesen und Rechnen geschaffen

▸ **Optische Differenzierung**
   Herauserkennen/ Gesehenes unterscheiden

Sinneswahrnehmungsleistungen, die man beim Schreiben, Lesen und Rechnen benötigt

▸ **Optisches Gedächtnis**
Gesehenes merken

▸ **Optische Serialität**
Optische Serien

▸ **Akustische Differenzierung**
Heraushören/ Gehörtes unterscheiden

▸ **Akustisches Gedächtnis**
Gehörtes merken

▸ **Akustische Serialität**
Akustische Serien

▸ **Raumorientierung**
Raum- und Zeitwahrnehmung

▸ **Körperwahrnehmung**
Raumorientierung - Körperbewusstsein

Zum Vergleich sehen wir uns nun die Sinneswahrnehmungsbereiche, die beim HAWIK getestet und aus denen der Intelligenzquotient abgeleitet bzw. gemessen wird, an:

Der Verbalteil besteht aus den Untertests:

- Allgemeines Wissen (AW)
- Gemeinsamkeiten finden (GF)

- Rechnerisches Denken (RD)
- Wortschatz-Test (WT)
- Allgemeines Verständnis (AV)
- Zahlennachsprechen (ZN)

Der Handlungsteil besteht aus den Untertests:

- Bilder ergänzen (BE)
- Zahlen-Symbol-Test (ZS)
- Bilder ordnen (BO)
- Mosaiktest (MT)
- Figurenlegen (FL)
- Symbolsuche (SS)
- Labyrinth-Test (LA)

Bilderergänzen: 17 Bildvorlagen, auf denen jeweils ein bedeutsamer Teil fehlt. Wenn der Proband drei aufeinander folgende Fragen innerhalb von 20 Sekunden nicht oder falsch beantwortet, wird der Test abgebrochen. Vorwiegend wird hier die Sinnesleistung der **Optischen Differenzierung** verlangt.

Zahlensymboltest: Zahlen von 1 - 9 sind je einem Symbol zugeordnet. Der Proband lernt zunächst die Zuordnung und ergänzt dann, aus einer Tabelle von 100 Ergänzungsfeldern, so schnell wie möglich das jeweils dazugehörende Symbol. Nach 90 Sekunden wird der Test abgebrochen. Die Auswertung erfolgt mittels einer Schablone. Vorwiegend werden hier die Sinnesleistungen der **Optischen Differenzierung** und des **Optischen Gedächtnisses** verlangt.

Bilderordnen: 10 Serien von Bildern (Kärtchen), die kleine Geschichten darstellen, sind jeweils logisch richtig zu ordnen. Wenn 4 Aufgaben in Folge nicht gelöst wurden, wird dieser Test abgebrochen. Vorwiegend die Sinnesleistung der **Optischen Serialität** wird hier verlangt.

Rechnerisches Denken: 14 Aufgaben mit anwachsendem Schwierigkeitsgrad in Form von Schlussrechnungen. Mit einer Zeitgrenze von 120 Sekunden müssen die Aufgaben im Kopf gelöst werden. Dieser Test wird abgebrochen, wenn 3 Aufgaben innerhalb der angegebenen Zeitgrenzen nicht gelöst wurden. Vorwiegend die Sinnesleistungen des **Akustischen Differenzierens** und des **Akustischen Gedächtnisses** werden hier verlangt.

Mosaik-Test: 9 mehrfarbige Würfel. Die Seiten der Würfel sind entweder einfärbig oder bestehen aus 2 farbigen Flächen, die durch die Diagonale der Eckpunkte getrennt sind, sowie 9 Kärtchen mit Mustern, die mit den Würfeln nachgebaut werden sollen. Die nachzubauenden Muster haben ansteigende Schwierigkeitsgrade und damit unterschiedliche Zeitgrenzen, innerhalb derer die Aufgaben zu lösen sind. Nach drei Fehlversuchen in Folge wird dieser Test abgebrochen. Vorwiegend die Sinnesleistung der **Raumorientierung** wird hier verlangt.

Figurenlegen: 4 einfache Puzzles mit asymmetrischen Teilen, die jeweils möglichst schnell zu einer Figur (Mann, Profil eines Kopfes, Hand, Elefant) zusammengesetzt werden müssen. Gemessen wird die benötigte Zeit. Die Sinnesleistung der **Raumorientierung** wird hier verlangt.

Symbolsuche: Zwei Gruppen von abstrakten Formen werden visuell verglichen und es muss herausgefunden werden, ob eine bestimmte Form in beiden Gruppen vorhanden ist. Die Sinnesleistungen der **Optischen Differenzierung** und der **Raumorientierung** werden hier verlangt.

Zahlennachsprechen: 7 Ziffernreihen, deren Ziffernzahl um je eine ansteigt. In einem zweiten Durchgang sollen Ziffernreihen in umgekehrter Reihenfolge nachgesprochen werden. Versagt der Proband zwei Mal bei derselben Ziffernreihe, wird der Testteil abgebrochen. **Akustisches Gedächtnis** und **Akustische Serialität** werden hier verlangt.

Labyrinth-Test: In einem Labyrinth wird, von Mittelpunkt aus, der Weg nach außen gesucht. Vorwiegend die Sinnesleistung der **Raumorientierung** wird hier verlangt.

Es besteht also kein Zweifel daran, dass jeder IQ-Test der mittels Sinneswahrnehmungsleistungen die Intelligenz bei einem legasthenen/ dyskalkulen Menschen messen will, unweigerlich zu unzureichenden, besser gesagt zu falschen Ergebnissen kommen muss!

Hier soll ein einfaches Beispiel klar machen, was gemeint ist. Ein blinder Mensch kann gewisse Aufgaben, wie z.B. ein Memory-Spiel nicht meistern, nicht aber, weil er dazu zuwenig intelligent ist, sondern weil er die Memory-Karten nicht sieht. Ähnlich verhält es sich bei legasthenen Menschen, deren Sinneswahrnehmungsbereiche eine unterschiedliche Ausprägung im Vergleich zu nicht legasthenen Menschen aufweisen. Legasthene oder dyskalkule Menschen erbringen also in bestimmten Sinneswahrnehmungsbereichen unter-

Intelligenztests, die mittels Sinneswahrnehmungsleistungen die Intelligenz bei legasthenen oder dyskalkulen Menschen feststellen wollen, erbringen unzureichende oder sogar falsche Ergebnisse

schiedliche Leistungen, die aber nichts mit verminderter Intelligenz zu tun haben, sondern lediglich auf die unterschiedliche Ausprägung der Sinneswahrnehmungen zurückzuführen sind. Diese unterschiedliche Ausprägung der Sinneswahrnehmungsleistungen bewirkt aber andererseits den schwierigen Umgang mit Buchstaben- oder Zahlensymbolen.

Es ist sehr verwunderlich, dass sich diverse Spezialisten, welche Intelligenztests anwenden, offensichtlich bisher nicht mit der Tatsache befasst haben, dass grundsätzlich nicht alle Menschen gleich sind und auch, dass die Feststellung der Intelligenz bei legasthenen oder dyskalkulen Menschen, die eine differente Sinneswahrnehmung, also eine von der Norm abweichende Informationsverarbeitung haben, zu falschen Ergebnissen führen muss. Es kann doch wohl nicht sein, dass all diese Fakten bisher von diesen Fachleuten unbemerkt geblieben sind.

Von Fachleuten unbemerkt geblieben?

Man stelle sich nur vor, wie viele Menschen durch eine Fehldiagnostizierung keine Förderung erhalten haben, weil offensichtlich die Schreib-, Lese- oder Rechenprobleme laut Intelligenztestergebnis auf ihre mangelnde Intelligenz zurückzuführen sind - und weiter fragt niemand. Natürlich gibt es Menschen, deren Grund für ein erschwertes Erlernen im kognitiven Bereich zu finden ist, doch diese Fälle sind selten. Ist es nicht unverantwortlich, sich auf Feststellungswerkzeuge zu berufen, die offensichtlich falsche Werte bringen?

In der Folge sollte wohl auch auffallen, dass der gemessene Intelligenzquotient offensichtlich nicht mit dem allgemeinen Verhalten des Probanden übereinstimmt. Es ist unverständlich und traurig, dass man Testverfahren blind vertraut und dem Menschen durch das Ermitteln falscher Testergebnisse schweren Schaden zufügt. Nicht jeder Proband hat Eltern, die Ergebnisse anzweifeln, auch wenn es noch so offensichtlich ist, dass das Ergebnis nicht stimmen kann. Diese Tatsache hat sich in der Praxis leider nur zu oft als gegeben erwiesen. Es nützt dem Betroffenen auch nicht, dass er in anderen Bereichen großartige Leistungen erbringt, wie zahlreiche Beispiele beweisen. Legasthene oder dyskalkule Menschen erbringen zumeist in technischen oder kreativen Bereichen Leistungen, die von nicht Betroffenen nur schwer bis gar nicht erzielt werden können. Trotzdem ergibt die Intelligenztestung einen unterdurchschnittlichen Wert - und keinem der Spezialisten fällt dies auf?

Die Tatsache, dass der festgestellte Intelligenzquotient nicht mit dem Verhalten des Probanden übereinstimmt, sollte dem Testdurchführenden zu denken geben

Psychologen und Kinderpsychiater auf die problematische Tatsache angesprochen, haben keine ausreichende Erklärung bei der Hand. Von manchen kam die lapidare Antwort, dass man in den Bereichen bei Intelligenztestverfahren, wo Sinneswahrnehmungsleistungen erbracht werden müssen und wo augenscheinlich schlechte Ergebnisse erzielt worden sind, die man von dem Probanden so nicht erwartet hätte, eben die Werte des Probanden heben müsste.

Das würde bedeuten, dass man einfach überheblich und arrogant über offensichtlich falsche Ergebnisse hinweg geht und diese einfach verfälscht? Die Frage aber bleibt offen: Was passiert, wenn ein Testbegleiter nicht um die Problematik Bescheid weiß, dass legasthene und dyskalkule Menschen eine von der Norm abweichende Sinnesverarbeitung in manchen Teilleistungen haben, und die Leistungen beim Intelligenztest als gegeben hinnimmt? Dann passiert genau das, was im Beispielfall geschildert wurde - welcher, um es nochmals deutlich zu machen, kein Einzelfall ist - der bestimmte Intelligenzwert ist falsch, die Folgen von solchen Intelligenzfeststellungen nicht selten oder sogar meistens dramatisch und unabsehbar.

Verfälschte Testergebnisse...

So begegnen dem Spezialisten, welcher auf pädagogisch-didaktischer Ebene mit Betroffenen im praktischen Bereich arbeitet, immer wieder Menschen, die Opfer von Fehldiagnosen wurden, welche durch den Einsatz von IQ-Testverfahren entstanden sind. Solche IQ-Tests werden landläufig durchgeführt, wenn Kinder Probleme beim Schreiben, Lesen oder Rechnen haben, und vielfach entwickeln sich daraus Tragödien, weil nicht jeder Elternteil auch Testergebnisse hinterfragt. Manche geben sich nicht nur damit zufrieden sondern sind sogar erleichtert, weil man nun den „Grund" kennt, worauf die Probleme ihres Kindes beim Schreiben, Lesen oder Rechnen zurückzuführen sind, und nehmen in Kauf, dass ihr Kind halt nicht so „gescheit" ist.

Die Folgen sind oft eine unterlassene Hilfestellung, weil bei kognitiver Verursachung der Erfolg der Förderung in Frage gestellt wird

Was aber wohl am meisten erstaunt, ist die Tatsache, dass den Eltern anscheinend nie aufgefallen wäre, dass das Kind noch nie Probleme beim logischen Denken hatte, zumeist ganz im Gegenteil, was viele Aussagen, wie z.B. „Wenn niemand mehr mit technischen Dingen weiter weiß, unser Sohn hat immer noch ohne die Anleitung zu lesen herausgefunden, wie es geht", bestätigen.

Das größte Problem, wenn es zu Fehldiagnosen kommt, ist die Tatsache, dass vielfach keine Fördermaßnahmen ergriffen werden. Wie mir einmal eine Bauersfrau so bildlich beschrieb, bei deren Sohn man einen unterdurchschnittlichen IQ festgestellt hatte, er aber tatsächlich ein sogar überdurchschnittlich intelligenter Mensch ist, eben nur Schreib- und Leseprobleme hatte, „Warum soll ich ihn fördern lassen, in eine Halbliterflasche geht eben nur ein halber Liter hinein und nicht mehr, da kann man so oft probieren, wie man will". Zum Glück konnte man die

Frau dann doch mit Erklärungen überzeugen, dass er nicht unterdurchschnittlich intelligent ist, sondern lediglich durch seine differenten Sinneswahrnehmungen den Intelligenztest nicht schaffen konnte, aber definitiv nicht, weil er zu dumm dazu ist. Schließlich gestand sie aber, wider besseren Wissens dem Testdurchführenden geglaubt zu haben, weil er ja ein „Doktor" ist und doch bestimmt genau weiß, wovon er spricht... Letztendlich hat sie das Kind dann doch fördern lassen. Er studiert heute Jura, hat den Magister bereits erarbeitet und steht, so wie die Situation aussieht, vor dem Doktorat, er wird also zeitnah ein „Doktor" sein und all dass mit unterdurchschnittlichen IQ...?

Psychologen oder Psychiater mit solchen Fällen konfrontiert, weil sie ja schriftlich formuliert worden sind, haben keine Erklärung dafür.

Erklärungen sind mangelhaft

Fehldiagnosen haben manchmal auch wesentlich tragischere Ereignisse zur Folge, als eine Nichtförderung, wie man aus der Praxis zu erzählen weiß. Ein Fall soll hier, stellvertretend für unzählige andere, dargestellt und erläutert werden:

Freitag am späteren Nachmittag, kurz vor dem Wochenende. Eine Mutter kontaktiert mich (Dr. Astrid Kopp-Duller) unangemeldet, aber sichtlich schwer verstört. An der einen Hand hat sie einen Jungen, den ich als Grundschüler einstufe, auf dem Arm ein Baby. Es stellt sich heraus, dass sie heute ein psychologisches Gutachten des Kinderkrankenhauses erhalten hat, das ihren Sohn als unterdurchschnittlich begabt beschreibt und damit seine Probleme begründet, dass er das Schreiben und Lesen so schwer erlernt. Als sie um Hilfe anfragt, erklärt man ihr aber, dass man nichts für sie tun könne und lässt sie „im Regen" stehen. Sie steht unter Schock, weiß nicht, was sie nun machen soll. Manche werden nun sagen, wegen einem unbegabten Kind geht doch die Welt nicht unter, doch ich habe schon viele Eltern erlebt, für die eine Welt wegen wesentlich geringerer Vorkommnisse zusammengebrochen ist.

Dramatische Folgen von Fehldiagnosen

Aber zurück zum besagten Fall. Ich möchte die Frau mit ihren beiden Kindern auf keinen Fall wegschicken, irgendetwas hält mich auch davor zurück, sie auf die nächste Woche zu vertrösten. So arbeite ich mit dem Kind ein pädagogisches Testverfahren durch, finde bei der Durchsicht seiner Schulhefte heraus, dass er ausgezeichnete, bestens aufgebaute Aufsätze schreibt, die überdurchschnittlich gut sind für ein Kind, welches die dritte Klasse der Grundschule besucht. Ich analysiere auch die Fehler in seinen schriftlichen Arbeiten. Ich unterhalte mich mit dem Kind und bin nicht nur erstaunt über seine Wortgewandtheit, sondern besonders über seine umfassenden Gedankengänge und seine Merkfähigkeit.

Nun, um es einmal ganz klar zum Ausdruck zu bringen, hat sich eines in der Praxis immer wieder bestätigt, dass der Pädagoge, der schon Jahre mit Kindern arbeitet und genügend Erfahrung hat, wohl keinen Intelligenztest mehr benötigt, um beurteilen zu können, ob ein Kind ein ausreichendes, logisches Denkvermögen hat. Es genügt, mit ihm zu arbeiten.

Dies ist eine Tatsache, die jene Berufsgruppen, die einen Intelligenztest als „ihre heilige Kuh" ansehen, wohl sofort anzweifeln bzw. sogar verleugnen werden.

Das Kind zeigt auch keine Verhaltensauffälligkeiten, es hat auch noch nicht einmal Vorbehalte gegen die Schule, obwohl natürlich die Erfolge, vor allem beim Schreiben und Lesen, fehlen.

Das Rechnen macht überhaupt keine Schwierigkeiten, lediglich bei Textaufgaben kommt es wegen dem mangelnden Leseverständnis, und nicht wegen mangelndem Rechenverständnis, zu Schwierigkeiten. **Zum Psychologen oder Arzt, obwohl keine psychischen oder physischen Auffälligkeiten vorhanden sind?** Ich unterhalte mich auch mit der Mutter, die auf meine Frage, welche Auffälligkeiten das Kind gezeigt hat und warum sie sich dafür entschieden hat, sich an einen Gesundheitsberuf zu wenden, mir erzählt, dass der Lehrer gemeint hat, sie solle doch mit dem Sohn zu einem Arzt gehen.

Der Junge zeigt aber keinerlei Auffälligkeiten, weder psychischer noch physischer Art, z.B. Seh- oder Hörprobleme. Ich erfahre beim Gespräch mit der Mutter auch, dass man im Krankenhaus, bei dem Versuch der Erstellung einer Diagnose bezüglich Schreib- und Leseschwierigkeiten, offensichtlich keine Spezialisten auf pädagogisch-didaktischer Ebene hinzugezogen hat. Seine Schulhefte wollte man gar nicht sehen, was nicht nur befremdet sondern auch als unzureichende, wenn nicht sogar fahrlässige Vorgehensweise bezeichnet werden kann. Wenn schon eine Diagnose auf Gesundheitsebene gemacht wird, obwohl gar keine auffälligen Sekundärproblematiken zu bemerken sind, sollte wohl grundsätzlich die pädagogische Ebene zuerst abgeklärt werden. Dies kann natürlich nicht durch einen Gesundheitsberuf erfolgen, weil die dafür nötige Qualifikation eines Pädagogen fehlt.

Unterschiedliche Diagnosen von Ärzten und Psychologen

Ärzte und auch Psychologen kommen oft, viel zu oft, nicht nur zu unterschiedlichen Diagnosen, sondern auch zu Diagnosen, die so weit reichende Konsequenzen für die Kinder selbst und auch für die ganze Familie haben.

Aber nochmals zurück zu dem beschriebenen Fall. Ich erkläre der Mutter, dass ihr Sohn ausgezeichnete Aufsätze schreibt, die allerdings viele Fehler beinhalten. Dieser Umstand ist aber darauf zurückzuführen, dass der Junge differente Sinneswahrnehmungen und deshalb große Schwierigkeiten hat, seine Aufmerksamkeit, wenn er schreibt und liest zu halten, weshalb sich so viele Fehler ergeben. Ich beschreibe auch die umfassenden Gedankengänge und die hohe Merkfähigkeit, die ihr Sohn mir gegenüber zeigte. Ich erkläre ihr auch, dass man ihr Kind im Krankenhaus wahrscheinlich mit einem IQ-Test getestet hat, welcher die Intelligenz mittels der Sinneswahrnehmungsleistungen misst. Das muss natürlich bei einem legasthenen Menschen zwingend zu einer Fehldiagnose führen.

Fehldiagnosen mit weitreichenden Konsequenzen

Ich erkläre ihr, dass es leider immer wieder zu solchen Fehldiagnosen bei legasthenen Menschen kommt, was natürlich sehr bedauerlich ist, und dass ihr Sohn bestimmt nicht dumm ist. Die Mutter hört mir gebannt zu und bricht plötzlich in Tränen aus. Ich versuche, sie zu beruhigen und beginne ihr zu beschreiben, wie man dem Jungen helfen könnte und wie sogar sie selbst gezielt mit ihm arbeiten kann, damit er sich in der Schule verbessert. Sie unterbricht mich aber abrupt und beginnt zu erzählen:

„Als ich den Brief vom Krankenhaus bekam, in dem man mir mitteilte, dass ich einen unintelligenten Sohn hätte, der das Schreiben und Lesen wahrscheinlich nie erlernen wird, brach

für mich eine Welt zusammen. Ich wollte einfach nicht damit leben und meine Gedanken kreisten immer nur um eines: Wie könnte ich meinem Sohn ein so erfolgloses Leben ersparen. Schließlich trug ich mich einige Sekunden sogar mit dem Gedanken, mit meinem Sohn unter einen Zug zu gehen. Doch dann erinnerte ich mich daran, in einem Zeitungsartikel von Ihnen gelesen zu haben und machte mich direkt auf den Weg zu Ihnen."

Diese Aussagen lösten nun bei mir einen Schock und auch Entsetzen aus. So klar war mir noch nie vor Augen geführt worden, wozu Fehldiagnosen führen können und durch welche Hölle Eltern mitunter gehen müssen.

Der Mutter konnten noch viele wertvolle Tipps auf den Weg mitgegeben werden. Nach einigen Jahren kam sie wieder, um zu berichten, dass es ihrem Sohn in der Schule sehr gut geht und er sehr viel Glück hat: Seine Lehrer sind offen und verständig für seine noch immer anhaltenden, wenn auch schon sehr verbesserten, Probleme.

Eltern haben ein Anrecht auf Erklärung

Es ist so wichtig, dass Spezialisten, die auf pädagogisch-didaktischer Ebene arbeiten, den Eltern erklären, wie solche Ergebnisse zustande kommen können, denn für diese ist es nicht selten ein schwerer Schock, wenn man ihnen eröffnet, dass sie ein unintelligentes Kind haben und die Probleme beim Schreiben, Lesen oder Rechnen darauf zurückzuführen sind. Dass dies tatsächlich in den meisten Fällen nicht der Fall ist, muss vielen erst deutlich gemacht werden. Es ist nachvollziehbar, dass in so einem Moment das logische Denken aussetzt und man, als emotional beteiligter Elternteil, nicht mehr klar denken kann. Denn sonst hätte doch diese Mutter sofort erkennen müssen, dass das Testergebnis unrealistisch ist, denn auch ihr sind, wie aus dem Gesamtgespräch zu entnehmen war, die Vorzüge des Jungen nicht entgangen.

Legasthenie und Dyskalkulie sind also durch Intelligenztests nicht feststellbar und auch nicht verifizierbar, weil die meisten Testverfahren so aufgebaut sind, dass sie die Intelligenz größten Teils mittels Sinneswahrnehmungen überprüfen. Differente Sinneswahrnehmungen sind Indikatoren für eine Legasthenie und Dyskalkulie und können, was wohl für jedermann einleuchtend sein sollte, nicht gleichzeitig als Maßstab für die Intelligenz hergenommen werden. Bei legasthenen und dyskalkulen Menschen liegt nicht mangelnde Intelligenz vor, sondern different ausgebildete Sinneswahrnehmungen, die wiederum nichts über die Intelligenz eines Menschen aussagen, sondern lediglich über den Zustand seiner Sinneswahrnehmungen. Tatsächlich verfügen

Differente Sinneswahrnehmungen sind Indikatoren für eine Legasthenie oder Dyskalkulie

bekanntlich gerade diese Menschen oftmals über eine überdurchschnittliche Intelligenz.

Der Erlernprozess des Schreibens, Lesens und Rechnens bedarf, wie unzählige wissenschaftliche Studien ergeben haben, funktioneller Sinneswahrnehmungen. Diese sorgen für die sinnvolle Aufgliederung und Ordnung der aufgenommenen Umweltreize und ermöglichen die Fokussierung der Aufmerksamkeit auf das Schreiben, Lesen und Rechnen. Es gilt also, diese Größen zu untersuchen, wenn ein Verdacht auf Legasthenie/Dyskalkulie besteht.

Manche Verfahren, wie bereits besprochen z.B. der HAWIK (aber auch andere gängige Intelligenztestverfahren, wie der CFT 1, der CFT 20, der Raven Test, der K-ABC Kaufmann-Assessment Battery for Children, aber auch der Snijders-Oomen Nonverbale Intelligenztest SON-R) ziehen zur Messung der Intelligenzleistung Sinneswahrnehmungsleistungen heran. Deshalb ist es bei der Testinterpretation davon abhängig, wie viel der Testbegleiter über die Zusammenhänge zwischen differenten Sinneswahrnehmungen von legasthenen und dyskalkulen Menschen und der tatsächlichen Leistungsmessung zur Feststellung des Intelligenzquotienten weiß. Die Nichtberücksichtigung der vorhandenen, differenten Sinneswahrnehmungen bei

Auf Zeitdruck reagieren legasthene oder dyskalkule Menschen schlecht

legasthenen und dyskalkulen Menschen führt bei der Überprüfung der Intelligenz automatisch zu Fehldiagnosen. Letztendlich darf auch nicht vergessen werden, dass legasthene und dyskalkule Menschen sehr schlecht auf Zeitdruck reagieren, was noch zusätzlich die zeitkritischen Aufgabenbereiche bei Intelligenztests in Frage stellt.

Die zunehmende inhaltliche Kritik an Intelligenztests hängt aber nicht damit zusammen, dass man Bereiche zur Messung der Intelligenz verwendet, nämlich Sinneswahrnehmungen, deren Ausprägung gar nichts mit der Intelligenz eines Menschen zu tun haben kann. Die Kritik richtet sich an die punktuellen Bewertungen, an die Annahme einer statischen, unveränderbaren Intelligenz, an die Bedeutung der gemessenen Intelligenz für das Lern- und allgemeine Verhalten in Alltagszusammenhängen.

Kritik wird auch laut bezüglich der Einseitigkeit, der Sprache der Aufgabenstellung, der Kulturabhängigkeit, der Abhängigkeit von der Tagesverfassung und auch der Tatsache, dass sich Kreativität und Originalität kaum erfassen lassen.

Intelligenztests werden zumal überschätzt und unkritisch angewandt

„Intelligenztests sind aus der pädagogischen Diagnostik nicht mehr wegzudenken. Allerdings sind gegen ihre Verwendung vielfach auch berechtigte Einwände vorgebracht worden. Sowohl hinlänglich ihrer Überschätzung als auch vor deren unkritischer Anwendung.

Ein weiterer Einwand gegen Intelligenztests äußert sich in dem Argument, dass diese Verfahren im Wesentlichen konvergentes, nicht aber divergentes Denken oder Kreativität erfassten, weshalb sie nichts über die Intelligenz einer Person in ihrer vollen Breite aussagen.

In letzter Zeit wurde der Vorwurf vor allem im Zusammenhang mit der Fähigkeit des Problemlösens erhoben. Weiters muss erwähnt werden, dass Intelligenztestwerte keine Naturkonstanten darstellen. Darum erscheint es gefährlich, bei Individualprognosen auf ihrer Basis unwiderrufliche, pädagogische Entscheidungen zu treffen."

(Vgl. Schüler-Duden, „Die Psychologie", Dudenverlag, Mannheim, 1996)

Mittels Sinneswahrnehmungsleistungen kann man bei legasthenen und dyskalkulen Menschen keinen verlässlichen IQ-Wert ermitteln

Tatsache ist aber, dass täglich legasthene oder dyskalkule Menschen, als vermeintlich kognitiv schwach bezeichnet, mittels Intelligenztests getestet werden. Oft mit katastrophalen Folgen, insbesondere die einer Nichtförderung, also die Unterlassung der benötigten Hilfe.

Bleibt nur die Hoffnung, dass man in Fachkreisen, die sich dieser Diagnosewerkzeuge bedienen, um damit eine Legasthenie oder Dyskalkulie festzustellen, im Interesse der

Betroffenen irgendwann doch nicht mehr über die Tatsache hinweggehen wird, dass man mittels Sinneswahrnehmungsleistungen keinen reellen, verlässlichen Wert der Intelligenz ermitteln kann.

Eine Legasthenie oder Dyskalkulie hat nichts mit Intelligenz zu tun. Sehr intelligente und auch weniger intelligente Menschen können davon betroffen sein. Lediglich die Wissenschaft definiert eine Legasthenie oder Dyskalkulie bei guter Intelligenz, was als althergebracht zu bezeichnen ist und eigentlich auch zu hinterfragen und zu diskutieren wäre. Tatsache ist aber, dass jeder Mensch, welcher eine Förderung nötig hat, egal ob er intelligent ist oder nicht, diese bekommen sollte!

Jedes Kind sollte ein Recht auf Förderung haben, ob es nun intelligent oder nicht intelligent ist

Was man daraus erkennen und ableiten muss:

Legasthene/dyskalkule Menschen passen nicht in ein vorgefertigtes Schema und bedürfen einer sehr individuellen Diagnostik und Förderung. Sie unterscheiden sich auch definitiv von Menschen mit erworbenen Schreib-, Lese- oder Rechenproblemen, bei denen die Testbatterien der Gesundheitsberufe die erhofften Informationen bringen sollten. Die Diagnostik muss aber in jedem Fall auf der pädagogischen Ebene beginnen, damit eine für den Betroffenen grundsätzliche von der Basis beginnende Verbesserung erreicht werden kann. Jedenfalls hat es sich noch nie bewährt, wenn die Feststellung oder auch die Intervention auf der Gesundheitsebene ihren Ausgang genommen hat. Man kann es mit einem Hausbau vergleichen, hier beginnt man auch nicht mit dem Dach.

Das Ergebnis eines IQ-Tests und die daraus vermeintlich abgeleiteten Informationen bezüglich der Intelligenz eines Menschen enthalten also tatsächlich keinen direkten Hinweis auf eine möglicherweise vorhandene Legasthenie oder Dyskalkulie. Doch ist diese bürokratische Maßnahme, die Durchführung eines IQ Tests, auch eine mehr als bedauerliche Unart, so ist sie doch Tatsache, weil bei den Beamten, welche die Anordnungen treffen, wenig Wissen zur Thematik vorhanden ist.

Abgesehen von den Gesetzen bezüglich einer Anerkennung durch die Schule oder die Bezahlung außerschulischer Hilfe – Anweisungen, die in keiner Weise mehr den wissenschaftlichen Erkenntnissen der Gegenwart gerecht werden. Richtig problematisch wird es aber, um es nochmals zu erwähnen, wenn man bei legasthenen oder dyskalkulen Menschen den IQ mittels eines IQ-Tests feststellen möchte, der diesen aufgrund von Sinneswahrnehmungsleistungen misst. Fehldiagnosen sind dann unweigerlich an der Tagesordnung und so mancher Betroffene bekommt dadurch nicht die Förderung, die er

Legasthenie ist nicht nur bei Menschen mit durchschnittlichem oder hohem IQ vorhanden, weil sie bioenentisch bedingt ist

benötigen würde. Laut Gesundheitsberufen wird eine Legasthenie nur als solche bezeichnet, wenn der IQ mindestens durchschnittlich ist. Eine fragwürdige Argumentation, wenn man heute weiß, dass Legasthenie biogenetisch bedingt ist und auch bei Menschen mit kognitiven Problemen vorkommen kann. All diese Fakten sollten bedacht werden, ohne natürlich die Relevanz der Psychologen, die in manchen Fällen, vor allem wenn sich Sekundärproblematiken einstellen oder bereits vorhanden sind, wichtig und unerlässlich sind, in Frage stellen zu wollen.

Es wäre aber dringend im Interesse der Betroffenen, endlich neue, moderne, wirklich hilfreiche Wege zu gehen.

Der erfahrene Pädagoge benötigt gewöhnlich keinen Intelligenztest, um feststellen zu können, ob ein Kind bildungsfähig ist

Für die pädagogisch-didaktische Ebene kann mit Sicherheit aus Erfahrung gesagt werden, dass es der gute Pädagoge in den meisten Fällen gar nicht notwendig haben wird, sich in seiner Arbeit an den Ergebnissen eines IQ-Tests zu orientieren. Während der Arbeit mit den Kindern wird durch Beobachtung schnell offenbar, welche spezifischen Förderungen ein Kind benötigt. Ist tatsächlich ein kognitives Problem vorhanden, welches tatsächlich die Hauptproblematik einer Lese-Rechschreib- oder Rechenschwäche ist, so wird man dieses Kind trotzdem mit allen pädagogischen Möglichkeiten fördern wollen. Ein IQ-Test wäre sicherlich gerechtfertigt, wenn der Verdacht auf kognitive Minderbegabung besteht, damit die Art der Lese-, Rechtschreib- oder Rechenschwäche bestimmt werden kann.

Die Anzahl der unterschiedlichen Ausprägungen des menschlichen Gehirns ist wohl unbestimmbar groß – die wissenschaftliche Kenntnis darüber leider verschwindend gering. Diese Ausprägungen werden natürlich auch von biogenetischen Faktoren bestimmt, auch in Kombination mit den mannigfaltigsten Umwelteinflüssen, die wir uns kaum vorstellen, gar benennen können.

Erhebliche Abweichungen von einer, tatsächlich wohl willkürlich festgelegten Norm, werden gemäß ICD-10 der Weltgesundheitsorganisation WHO als Erkrankung definiert. Solche Klassifizierungen entsprechen aber keineswegs dem Verständnis der Pädagogik, sondern sind lediglich medizinisch, psychologisch oder neurobiologisch festgelegte Werte und definitiv zu hinterfragen.

WHO beschreibt im ICD-10 eine Problematik, die in erster Linie in den pädagogisch-didaktischen Bereich fällt

Die WHO beschreibt ein Problem als Krankheit, welches sich im pädagogisch-didaktischen Bereich ereignet, hat es aber für die Definition nicht als notwendig befunden, Spezialisten auf dieser Ebene mit einzubeziehen.

Es ist für einen logisch denkenden Menschen tatsächlich sehr schwer nachzuvollziehen, warum Schreib-, Lese- oder Rechenprobleme vorrangig die Angelegenheit von Ärzten oder anderen Gesundheitsberufen sein sollten.

Durch diese einseitige Sicht und Definition der Problematik durch die WHO ist aber das positive Zusammenwirken der verschiedenen Interventionsebenen definitiv erschwert worden, was sich für die Betroffenen als sehr nachteilig erweist. Der Grund dafür liegt wohl darin, dass sich die Medizin am längsten mit der Thematik der Legasthenie befasst. Dieser Einfluss auf die Diagnostik dominiert bedauerlicher Weise noch heute, weshalb Schreib-, Lese- oder Rechenproblemen nach wie vor ein „Krankheitsimage" anhaftet.

Dass sich Krankenkassen für Interventionen im pädagogisch-didaktischen Bereich nicht zuständig fühlen, ist nachvollziehbar. Genau hier aber liegt der Grund dafür, warum Gesundheitsberufe noch immer so darauf achten, die Legasthenie als Krankheit zu definieren. Damit wird folglich seit vielen Jahren verhindert, dass der Gesetzgeber darüber nachdenkt, dass ein mehr als wichtiger und notwendiger Interventionsbereich, nämlich der pädagogische, durch die öffentliche Hilfe nicht abgedeckt ist. Der Schaden wird einstweilen in doppelter Form vom Patienten selbst getragen.

Krankenkassen fühlen sich für die pädagogisch-didaktischen Interventionen zu Recht nicht verantwortlich

Die verschiedenen Interventionsebenen

Die Notwendigkeit der Unterscheidung und nicht der Verwischung

„Als sich bei meiner Tochter Probleme beim Erlernen des Rechnens ergaben, legte mir die Klassenlehrerin nahe, einen Spezialisten zu suchen, der ihr außerschulisch gezielt helfen sollte. Sie erklärte mir klipp und klar, dass sie sich außer Stande sieht, ihren Bedürfnissen innerhalb des Schulunterrichtes gerecht zu werden, weil sie spezielle Hilfe benötigen würde, was ich verstand und akzeptierte. Leider konnte sie mir keine Spezialisten nennen und so machte ich mich auf die Suche. Da sollte ich doch einige Überraschungen erleben. Mir war von vornherein ganz klar, dass meine Tochter an keiner Krankheit litt, weil sie ein ausgesprochen aufgewecktes lebensfrohes Mädchen war, lediglich mit den Zahlen konnte sie sich nicht anfreunden. Das Schreiben und Lesen machte ihr dagegen keine Mühe. Tatsächlich hatte ich mich aber noch nicht näher mit der Sache auseinandergesetzt,

Die Lehrerin riet mir einen Spezialisten zu suchen, weil meine Tochter beim Rechnen Schwierigkeiten hatte

was aber noch kommen sollte. Zuerst fand ich also die Begriffe heraus, die für das Problem, welches meine Tochter hatte gebraucht wurden. Sie hatte also anscheinend eine Dyskalkulie oder Rechenschwäche. Wobei mir schon das Wort Schwäche mehr als unsympathisch war, denn meine Tochter war auch nicht schwach sondern eine für ihr Alter überaus starke Persönlichkeit. Jetzt begann ich mich für die Sache so richtig zu interessieren. Schnell wurde ich in ein Wirrwarr von Bezeichnungen verstrickt, die für mich völlig unlogisch waren. Ich fand z.B. eine Anzeige in der Zeitung wo eine Dyskalkulietherapeutin ihre Dienste anbot, die ich dann auch kontaktierte, denn ich wollte wissen ob man überhaupt eine Therapeutin benötigt, um das Rechnen zu erlernen. Es stellte sich aber heraus, dass diese Dame mit den Kindern im Rechenbereich arbeitete und keinerlei Therapie anwandte. Für mich war die Bezeichnung Therapeutin dann doch sehr verwirrend, denn für mich war eine Therapie immer mit medizinischen Hilfen verbunden. Zuerst war ich verunsichert, doch schließlich fand ich eine Spezialistin, die meiner Tochter half mit den Zahlen umzugehen. Sie hatte ausgezeichnete didaktische Ansätze und sagte mir nur eines am Beginn der Förderung, dass man nämlich nur durch

Verwirrspiel mit Berufsbezeichnungen, die Eltern verunsichern

das Rechnen das Rechnen erlernt - dass sie als Pädagogin dies meiner Tochter zeigen wird - und nicht durch irgendeine Therapie. Sie erklärte mir auch sehr zu meiner Beruhigung, dass mein Kind eine Veranlagung habe, die man aber weder als Schwäche, Störung, Krankheit oder gar Behinderung bezeichnen darf und sie nur spezielle Anforderungen an die Didaktik habe, um das Rechnen zu erlernen, was man auch mit dem Fachausdruck Dyskalkulie bezeichnet."

Eltern sind Laien und verfügen, wenn sie Hilfe suchen, zumeist über zu wenig Wissen, als dass sie klar die verschiedenen Interventionsebenen auseinander halten könnten. Kaum jemand weiß, dass es für das Kind von Vorteil ist, wenn man sich bei auftretenden Schreib-, Lese- oder Rechenproblemen zuerst an einen Spezialisten, der auf pädagogisch-didaktischer Eben abklären und helfen kann, wendet.

Auch die Unsicherheit und Unerfahrenheit mancher Lehrer führt schnell dazu, dass diese Kinder zum Psychologen oder Arzt geschleppt werden. Grundsätzlich kommt es sehr auf den Lehrer an: Sein Wissen und Verständnis über die Thematik ist Voraussetzung für seine Hilfe, die natürlich im Klassenverband nur beschränkt durchgeführt werden kann. Es ist aber eigentlich völlig unabhängig von einer offiziellen Feststellung, wie die Reaktion des Lehrers ausfällt.

Was macht das Wort „Therapeut" in Berufsbezeichnungen von Gruppen, die Kindern auf pädagogisch-didaktischer Ebene helfen? Eltern verwirren?

Viele Lehrer nehmen auch ohne offizielle Bestätigung Rücksicht. Voraussetzung dafür ist meistens, dass das Kind eine spezielle Förderung bekommt, damit auch ein Fortschritt gewährleistet ist.

Der Irrtum, oh, mein Kind hat Schulprobleme, da muss ein Psychologe oder Arzt her, ist weit verbreitet und führt dazu, dass das Kind zwar „therapiert" wird, jedoch der pädagogisch-didaktische Ansatz, den es so dringend benötigen würde, meist sogar ausbleibt. Die Folge ist, dass es zu keinen Verbesserungen des Zustandes kommt, denn auch die beste psychologische oder medizinische Intervention kann die immer und unbedingt notwendige pädagogisch-didaktische nicht ersetzen. Umso verwirrender sind für Eltern, aber auch für Lehrer, die verschiedenen Bezeichnungen, welche sich die Leute für ihre Tätigkeit einfallen lassen.

So hat es sich eingebürgert, dass sich Fachleute, die auf pädagogisch-didaktischer Ebene mit den Kindern arbeiten, als Therapeuten bezeichnen. Umgekehrt versuchen sich auch Psychologen, Ärzte oder andere Gesundheitsberufe ohne entsprechende Ausbildung als Pädagogen. Jede Berufsgruppe sollte bei ihren ursprünglichen Aufgaben bleiben bzw. bei der Tätigkeit, für welche sie ausgebildet worden ist. Deshalb wäre es sehr wünschenswert, dass jede Berufsgruppe ihre Aufgabenbereiche genau definiert und

Die Verwischung der Interventionsebenen durch phantasievolle Namensgebungen für Berufsgruppen, die Betroffenen im Schreib-, Lese- und Rechenbereich helfen, wie Legasthenietherapeut, Lese-Rechtschreibtherapeut, Dyslexietherapeut sind verwirrend und verunsichern Hilfesuchende

sich daran hält. Es sollte auch unterlassen werden, irreführende Berufsbezeichnungen zu erfinden, welche Hilfesuchende verunsichern und verwirren.

Es müsste auch endlich in der Öffentlichkeit bezüglich der Problematik der Verwischung der Interventionsebenen, Entmündigung der Lehrer durch „Therapeuten", Pathologisierung und auch der unsinnige Versuch, das Gesundheitssystem zu belasten, verstärkt diskutiert werden. Gesunde Kinder, die lediglich Schreib-, Lese- oder Rechenprobleme zeigen, denen alleine auf pädagogisch-didaktischer Ebene geholfen werden könnte, zu pathologisieren, sollte wirklich unterlassen werden.

Die Bezeichnung Therapeut sollte den Gesundheitsberufen vorbehalten bleiben

Wann wer zum Einsatz kommen soll

Schreib-, Lese- und Rechenprobleme haben, wie ausführlich erklärt wurde, verschiedene Ursachen. Deshalb ist auch die Feststellungs- und Interventionsebene unterschiedlich. Während eine biogenetisch bedingte Legasthenie/Dyskalkulie in der Primärausprägung von Spezialisten aus dem pädagogisch-didaktischen Bereich festgestellt und bewältigt wird, müssen bei einer Legasthenie/Dyskalkulie in der Sekundärausprägung oder bei einer erworbenen Lese-Rechtschreibschwäche/Rechenschwäche sehr wohl auch Spezialisten der Gesundheitsebene miteinbezogen werden, damit eine Gesamtintervention zum gewünschten Erfolg führt.

Dem Großteil der Menschen, die von Schreib-, Lese- oder Rechenproblemen betroffen sind, kann ausschließlich mit pädagogisch-didaktischer Förderung maßgeblich geholfen werden

In der Praxis findet man sehr viele Fälle, die nur eine Intervention auf pädagogisch-didaktischer Ebene benötigen. Spezialisten, die auf pädagogisch-didaktischer Ebene mit den Betroffenen arbeiten, sollten darauf sensibilisiert sein bzw. werden, dass sie, wenn es notwendig wird, auch andere Fachleute in die Förderung mit einbeziehen.

Leider erleben wir in der Praxis immer wieder, dass von den Schulen, auch bei Kindern, die offensichtlich keine psychischen oder physischen Sekundärprobleme zeigen, die lediglich Probleme beim Schreiben, Lesen und/oder Rechnen haben, eine multiaxiale Diagnostik verlangt wird und die Anerkennung der Legasthenie meist nur erfolgt, wenn ein psychologisches Gutachten vorhanden ist. Dies bedeutet für die Betroffenen und die gesamte Familie unzählige langwierige Untersuchungen, die nicht nur vollkommen unnotwendig sondern auch frustrierend sind. Ganz zu schweigen von den Kosten, die nicht selten der Öffentlichkeit entstehen.

Jeder Lehrer kann Rücksicht nehmen, Rücksicht erfordert aber Grundwissen und Sensibilität

Die Ergebnisse führen bei vielen Eltern zur Verunsicherung. Einige lassen ihr Kind daraufhin psychologisch oder gar medizinisch behandeln, machen Therapien, wie Ergotherapien etc., welche von den Krankenkassen bezahlt werden. Sogar der Einsatz von Medikamenten, wie etwa Ritalin, ist bei Kindern, die lediglich Schreib-, Lese- und Rechenprobleme haben, sonst aber keine Auffälligkeiten zeigen, keine Seltenheit. Dies bedeutet für die Kinder einen oft steinigen und langen Therapieweg, jedoch ohne große Erfolgsaussichten, weil man „vergisst", den Kindern für sie geeignete Wege im pädagogisch-didaktischen Bereich zu zeigen, wie auch sie das Schreiben, Lesen und/oder Rechnen erlernen können.

Ein öffentlicher Schritt in die Richtung der Anerkennung und Kostenübernahme bei

Schreib-, Lese- und/oder Rechenproblemen, wenn durch einen Spezialisten auf pädagogisch-didaktischer Ebene geholfen wird, wäre mehr als wünschenswert. Es müssten klare gesetzliche Regelungen erfolgen, die eindeutig festlegen, welche Berufsgruppe wann zum Einsatz kommen muss.

Für alle beteiligten Gruppen umfassende Richtlinien, wann wer Interventionen setzen muss, wenn Schreib-, Lese- oder Rechenprobleme auftreten, fehlen!

Der Spezialist auf pädagogisch-didaktischer Ebene

Jeder Spezialist, der auf pädagogisch-didaktischer Ebene mit Menschen arbeitet, die Probleme haben, das Schreiben, Lesen oder Rechnen mit den in der Schule angebotenen Methoden zu erlernen, sollte einerseits genügend Wissen über die theoretischen Hintergründe der umfassenden Problematik mitbringen. Andererseits muss er auch über eine weitreichende Methodenvielfalt verfügen, denn jeder Fall ist unterschiedlich und verlangt deshalb immer eine individuelle, auf die Probleme des jeweiligen Betroffenen abgestimmte Didaktik.

Der Spezialist muss einerseits über ein theoretisches Wissen bezüglich der Hintergründe der Problematik, andererseits über eine Methodenvielfalt verfügen

Deshalb ist es auch nicht genug für den Spezialisten auf pädagogisch-didaktischer Ebene, nur eine Methodik zu erlernen, denn damit wird er auf keinen Fall ausreichend gerüstet sein.
Eines steht definitiv fest: dass es tatsächlich keine Methode gibt, welche noch in jedem Falle zum Erfolg geführt hat. Deshalb ist es auch sehr wichtig, dass man verschiedene Ansätze kennt. Jeder Spezialist der im pädagogisch-didaktischen Bereich arbeitet, sollte auch sehr aufgeschlossen und tolerant gegenüber verschiedenen Methoden sein und diese stets mit offenen Augen und Ohren beurteilen.

Die Spezialisten auf der Gesundheitsebene

Der Einsatz der verschiedenen Spezialisten der Gesundheitsebene ist in einigen Fällen von Legasthenie/Dyskalkulie, speziell in der Sekundärausprägung oder Lese-Rechtschreibschwäche/Rechenschwäche von dringlicher Notwendigkeit.

Spezialisten der Gesundheitsebene in einzelnen Fällen unabdingbar

Ergotherapeutinnen und -therapeuten unterstützen und fördern Menschen jeden Alters, die in ihrer alltäglichen Handlungsfähigkeit eingeschränkt sind. Ziel der Ergotherapie ist es, die motorischen (Bezeichnung für die Lehre von den Funktionen der Bewegung des menschlichen Körpers), kognitiven, psychischen und sozialen Fähigkeiten der Patienten zu erhalten oder wiederzuerlangen.

Logopädinnen und Logopäden untersuchen und behandeln Menschen jeden Alters mit Sprach-, Sprech-, Stimm- und Schluckstörungen, die organisch oder funktionell verursacht wurden.

Kinderpsychiater haben mit der kinder- und jugendpsychiatrischen Untersuchung das Ziel, das Kind in seiner Persönlichkeit ganzheitlich zu erfassen. Es sollen seine Stärken und seine

Schwächen festgestellt werden. Bestehende Probleme sind im Zusammenhang mit der Lebens- und Entwicklungsgeschichte in seiner sozialen Umwelt zu sehen. Körperliche und seelische Symptome sind abzuklären, ihre möglichen Beziehungen zueinander sind zu analysieren.

Psychologen untersuchen das Verhalten, das Denken, das Lernen, das Gedächtnis, die Wahrnehmung, die Emotionen, die Intelligenz, die sozialen Interaktionen, die psychosoziale Entwicklung und die Persönlichkeit eines Menschen.

Bei Verdachtsmomenten werden auch andere Berufsgruppen in die Gesamtintervention miteinbezogen

Jede dieser Berufsgruppen sollte nach erfolgter Abklärung im pädagogisch-didaktischen Bereich zum Einsatz kommen, wenn sich bei dieser Abklärung oder auch während der Förderung auf pädagogisch-didaktischer Ebene Verdachtsmomente ergeben. Man sollte sensibilisierten Pädagogen diesen Schritt überlassen und nicht vorbeugend den Gesundheitsbereich beschäftigen.

Über die Relevanz des Pädagogen

Das Wort Pädagoge kommt aus dem Griechischen „paidagogos" und bezeichnet Personen, wie Lehrer und Erzieher, die sich mit dem erzieherischen Handeln, also der Praxis der Erziehung und Bildung und natürlich auch mit den Theorien der Pädagogik auseinandersetzen.

Die Schulpädagogik ist eine Teildisziplin der Pädagogik oder Erziehungswissenschaft und wie der Name schon impliziert, beschäftigt sie sich als wissenschaftliche Disziplin mit der Theorie und Praxis der Entwicklung und der Reflexion zur Gestaltung von Schulleben und Unterricht.

Zu den Aufgaben des Pädagogen gehört auch, mit dem Umstand vertraut zu sein, dass es Schüler gibt, die das Schreiben, Lesen oder Rechnen nicht in derselben Art und Weise, und vor allem in der Zeit erlernen, wie ihre Klassenkameraden - und dass es dafür verschiedene Verursachungen gibt. Jeder Pädagoge sollte sensibilisiert sein und rechtzeitig erkennen, dass manche Menschen individuelle Ansätze, Unterstützung und auch spezielle individuelle Hilfe benötigen.

Jeder Pädagoge sollte über ein Grundwissen bezüglich Schreib-, Lese- oder Rechenschwierigkeiten verfügen

Die Aufgaben des Pädagogen, der noch zusätzlich auf die Problematik des erschwerten Schreibens-, Lesens- und Rechenerlernens geschult ist, liegen in der individuellen und speziellen Förderung der Betroffenen.

Nur Pädagogen lehren das Schreiben, Lesen und Rechnen

Der Irrglaube oder auch die Hoffnung von Laien, dass man mit „Therapien" das Schreiben, Lesen oder Rechnen erlernt, ist weit verbreitet. Therapien, welcher Art sie auch immer sind, helfen in dem einen oder anderen Fall zusätzlich. In jedem Fall aber muss eine Förderung oder ein Training auf pädagogisch-didaktischer Basis erfolgen, denn ohne diese Hilfe wird keine Therapie einen andauernden Erfolg haben. Das Lehren des Schreibens, Lesens und Rechnens sollte aber unbedingt den Pädagogen überlassen werden, denn nur sie sind dafür ausgebildet. Das Lehren des Schreibens, Lesens und Rechnens ist kein Zusatzprodukt, das Gesundheitsberufe ohne eine zusätzliche Ausbildung leisten können - auch wenn man dies manchmal Eltern glaubhaft machen will.

Das Lehren des Schreibens, Lesens und des Rechnens muss den Pädagogen überlassen werden

Schreiben lernt man durch das Schreiben...

Es ist auch ein absoluter Irrglaube und auch wieder mit dem Wunschdenken von vielen Eltern verbunden, dass Schreib-, Lese- oder Rechenprobleme mit „irgendwelchen Übungen", die nicht selten da und dort Hilfesuchenden angeboten werden, aus der Welt zu schaffen wären. Zumeist ist das Erwachen und die Ernüchterung groß, nachdem man viel Geld ausgegeben hat und eigentlich wenig bis gar keinen Erfolg sieht. Zumeist wurde nur die Frustration des Kindes und auch die Verzweiflung in dessen Umfeld größer.

Als Pädagoge selbst, der auf die Problematik sensibilisiert ist und auch als Elternteil, also Hilfesuchender, sollte man sich unbedingt auf Spezialisten mit fundierten Ausbildungen verlassen, die auch nicht Unmögliches versprechen. Eine Hilfe dauert nicht nur seine Zeit, sondern muss immer die Bereiche abdecken, in denen das Kind seine Probleme hat. Auf alle Fälle muss im Training eine individuelle Förderung im Schreib-, Lese- oder Rechenbereich enthalten sein. Andernfalls entspricht das Training nicht den Bedürfnissen, welche betroffene Menschen haben. Es ist durchaus wichtig, dass man sich jederzeit

Ein individuelles Training ist von großer Bedeutung

darüber bewusst ist, dass man nur durch das Schreiben das Schreiben, durch das Lesen das Lesen und durch das Rechnen das Rechnen erlernt - auch wenn die Didaktik für legasthene/dyskalkule oder lese-rechtschreibschwache/rechenschwache Kinder eine ganz besondere sein muss.

Ein neuer moderner Weg

Heute traut man Lehrern zu, sich auch in diesen speziellen Gebieten auszukennen. Es ist mehr als erfreulich und auch als äußerst positiv zu betrachten, wohin die Entwicklung der letzten Jahre geht. Durch die intensive wissenschaftliche Forschung auf pädagogischer und auch didaktischer Ebene und durch die Entwicklung neuer Feststellungsverfahren und Methoden, mit denen Betroffenen so erfolgreich geholfen werden kann, rückt die unbedingt notwendige pädagogisch-didaktische Hilfe bei Schreib-, Lese- und Rechenproblemen immer mehr in den Mittelpunkt.

Die Logik, dass bei Schreib-, Lese- oder Rechenproblemen vorerst immer im Bereich des Schreibens, Lesens oder Rechnens durch einen Pädagogen Hilfestellungen erfolgen müssen und im Zuge dessen natürlich auch darüber entschieden werden muss, ob oder welche anderen Schritte noch zu tätigen sind, setzt sich immer mehr durch. Zum Glück sind die Menschen wesentlich aufgeklärter, als noch vor Jahren und lassen sich nicht mehr alles erzählen, ohne zu hinterfragen, und auch das Wissen über die Thematik ist umfassender. Wie gut jemand das Schreiben, Lesen und Rechnen beherrscht, wird heute glücklicher

Die pädagogische Forschung entwickelt moderne Methoden, die erfolgreich helfen, Schreib-, Lese- oder Rechenprobleme zu bewältigen

Weise auch nicht mehr als Maßstab für seine Intelligenz gesehen. Es bleibt nur zu hoffen, dass sich diese Bewegung weiter durchsetzt und dass nicht kommerzielle Bestrebungen und Beweggründe den tatsächlichen Bedürfnissen der Betroffenen voran gestellt werden.

Die gezielte pädagogische Förderung

Die AFS-Methode

Legasthenie und Dyskalkulie sind in ihrer Ausprägung so individuell wie ein Fingerabdruck!

Deshalb muss auch die Intervention individuell und speziell auf die Bedürfnisse der Betroffenen abgestimmt werden.

Die AFS-Methode berücksichtigt nicht nur die Ergebnisse verschiedenster Forschungen. Mit ihrer Konzeption ist es möglich, eine absolute Individualität in jedem Einzelfall zu gewährleisten. Diese Individualität begründet auch den durchschlagenden Erfolg, den zahllose Spezialisten weltweit mit ihr erzielen.

Die AFS-Methode ist das Ergebnis qualitativer und quantitativer, empirischer, pädagogischer Forschung. Die Ergebnisse einer sechs Jahre andauernden Langzeitstudie über die Wirksamkeit der AFS-Methode liegt nun vor.

Die AFS-Methode ist eine multisensorische Methode, deren Entwicklung durch interdisziplinäre Zusammenarbeit ermöglicht

Die AFS-Methode bringt individuelle Planung und ein abgestimmtes Training, die Hilfe setzt dort ein, wo sie benötigt wird

worden ist. Sie stellt die Individualität des legasthenen/dyskalkulen Menschen in den Vordergrund und wird der multikausalen Problematik gerecht. Sie gehört zu den Methoden, die wissenschaftlich anerkannt und auch empirisch wirksam sind. Seit mehr als zehn Jahren wird damit legasthenen/dyskalkulen Kindern erfolgreich geholfen. Der enthaltene Methodenpluralismus und Eklektizismus verspricht den Erfolg.

In der AFS-Methode steht die Motivation an erster Stelle!

Einen zentralen Punkt nimmt auch die Förderung der Motivation des Betroffenen ein, durch die enorme und nachhaltige Erfolge erzielt werden können. Auch für geringe Verbesserungen gibt es Lob und Anerkennung. Es wird auch großer Wert darauf gelegt, dass die Betroffenen genügend Zeit zur Verfügung haben, ihre Aufgaben zu erledigen, denn Zeitdruck beinflusst die Leistungen von legasthenen oder dyskalkulen Menschen negativ.

Dem Spezialisten steht eine breite Palette zur Verfügung, diese Motivation zu erreichen, was sich letztendlich sehr positiv bei den Interventionen auswirkt. Die Motivation bewirkt, dass das Schreiben, Lesen und Rechnen nicht mehr als unangenehme Last empfunden wird, sondern bringt die Einsicht, die Kulturtechniken als notwenige Tätigkeit zu akzeptieren, aber besser gesagt als notwendiges Übel, denn dies bleibt es wohl, in jedem Falle und auf ewig für den legasthenen/ dyskalkulen Menschen.

Die AFS-Methode und das AFS-Testverfahren wurden an mehreren tausend Kindern evaluiert. Es existiert ein umfangreiches Zahlenmaterial darüber. Die gesamte vorliegende wissenschaftliche Arbeit ist unter Mithilfe von 3370 betroffenen Kindern und unzähligen diplomierten LegasthenietrainerInnen aus der ganzen Welt entstanden. Für die erfolgreiche Mitarbeit sei ihnen an dieser Stelle gedankt. Die Daten wurden in Zusammenarbeit mit dem Dyslexia Research Center USA ausgewertet.

Die AFS-Methode zeichnet, in der scheinbar ausweglosen Situation eines Betroffenen, einen gangbaren Weg aus dem Unverständnis, welches ihm von den meisten Mitmenschen entgegenschlägt, sowie aus dem daraus folgenden Misserfolg und der ständigen Diskriminierung. Sie spricht den Menschen als Gesamtheit an und lässt auch Wege für alternative Methoden offen.

Jedes Training muss individuell auf die Bedürfnisse des Betroffenen abgestimmt sein

Es gibt nicht DIE Legasthenie/Dyskalkulie, deshalb gibt es auch nicht DAS Training. Da jede Legasthenie/Dyskalkulie individuell ist, muss auch das Training individuell auf die Bedürfnisse des Betroffenen abgestimmt sein. Um es nochmals zu betonen, genau darin liegen die Chancen und auch die Erfolge der AFS-Methode.

Der wissenschaftliche Hintergrund

Das Wissen um den theoretisch-wissenschaftlichen Hintergrund, warum es zu Schreib-, Lese- und Rechenproblemen kommt, ist sehr interessant und auch sehr wichtig. Tatsächlich hilft er aber dem Einzelnen nur für das Verständnis der Problematik und trägt nicht vordergründig zu einer Verbesserung von Schreib-, Lese- und Rechenleistungen bei. Er dient aber dazu, dass wirksame Methoden auf pädagogisch-didaktischer Ebene entwickelt werden.

Mit Hilfe von wissenschaftlichen Erkenntnissen entstehen pädagogische Methoden

Die Inhalte der AFS-Methode beruhen hauptsächlich auf den wissenschaftlichen Erkenntnissen von namhaften Wissenschaftern, wie Dr. Albert M. Galburda - Harvard University, Dr. Paula Tallal - State University of New Jersey, Dr. Shally E. Shaywitz – Yale University, Dr. Thomas Zeffiro – Georgetown University, Dr. Guinevere Eden – Georgetown University, Dr. Ann Sperling - Georgetown University, Dr. Mark Seidenberg - University of Wisconsin-Madison, etc. und der wissenschaftlichen Erkenntnis, dass eine Verbesserung der Schreib-, Lese- und/oder Rechenfertigkeit eines legasthenen/dyskalkulen Menschen nicht alleine durch das Üben am Symptom zum Ziel führt.

Die wissenschaftlichen Erkenntnisse aus den verschiedenen Bereichen wurden in die pädagogische Forschung und in die Entwicklung neuer pädagogischer und didaktischer Methoden miteinbezogen.

Die weltweit anerkannten Wissenschafter forschen in den USA

Shally E. Shaywitz gelang es 1998, die Legasthenie funktionell bei Hirnmessungen nachzuweisen. Wobei sie bemerkte, dass die Gehirnmuster legasthener Menschen signifikant anders sind, als die nicht-legasthener Personen. Paula Thallal beschrieb 2000 das reibungslose Funktionieren der optischen und akustischen Sinneswahrnehmungen als unumgängliche Voraussetzung für ein erfolgreiches Erlernen des Schreibens und Lesens. Eden und Zeffiro haben 1998 festgestellt, dass basale, visuelle und auditive Reizverarbeitung eine gemeinsame neuronale Basis haben.

Galaburda hat auch bewiesen, dass legasthene Menschen im visuellen System unterschiedliche Werte aufweisen, was sich mit der magnozellulären Theorie sehr gut erklären lässt. Für den Laien erklärt, hängt das verschwimmen der Buchstaben und auch die Verwechslung ähnlicher Buchstaben damit zusammen. Die Aufmerksamkeitsdefizithypothese, von namhaften Wissenschaftern, wie Facoetti (2003), Marendaz, Valois, Walch, um hier nur einige zu nennen, liefert wesentliche Erkenntnisse für die gezielte Förderung von legasthenen/dyskalkulen Menschen. Oder die Theorie der Sound-Symbol-Assoziationen nach Gang und Siegel (2002), oder Kujala (2001), die ein Training der audiovisuellen Integrationsprozesse für eine Verbesserung der Schreib- und Leseleistungen nach sich ziehen. Eine Verbesserung der audiovisuellen Wahrnehmung, gekoppelt mit einer Verbesserung des Aufmerksamkeitsdefizits beim Schreiben, Lesen und Rechnen ist vorrangig anzustreben.

Daraus ergeben sich die Erkenntnisse, dass legasthene/dyskalkule Menschen in den Bereichen der Aufmerksamkeit – um der zeitweise auftretenden Unaufmerksamkeit beim Schreiben, Lesen und/oder Rechnen entgegenzuwirken, eine gezielte Förderung brauchen. Weiters muss die Stärkung bzw. Schärfung der Funktionen oder Sinneswahrnehmungen, die man für das Erlernen des Schreibens, Lesens und Rechnens braucht und eine Förderung im Symptombereich – um den Wahrnehmungsfehlern entgegenzuwirken – stattfinden. Es gibt auch Menschen, die aber weder legasthene noch dyskalkule Eigenschaften aufweisen, die auch mit eher schlechten Sinneswahrnehmungsausbildungen das Schreiben, Lesen oder Rechnen ohne jegliche Komplikationen erlernen.

Manche nichtlegasthene Menschen können auch ohne funktionierende Sinneswahrnehmungen das Schreiben, Lesen oder Rechnen bewältigen

Die vom Dyslexia Research Center USA 1997 veröffentlichten wissenschaftlichen Erkenntnisse, dass ein legasthener Mensch nur durch eine sehr spezielle Worterarbeitung - er muss das Wort in seiner Form sehen, er muss das Wort deutlich hören und er muss unbedingt die Bedeutung des Wortes verstehen - Wörter in seinem Langzeitgedächtnis speichern kann, wurde auch von den Wissenschaftern Dr. Virginia Berninger und Dr. Elizabeth Aylward von der University of Washington eindrucksvoll durch neue wissenschaftliche Untersuchungen bestätigt:

Die Worterarbeitung und die wissenschaftliche Bestätigung eines Teilbereichs der AFS-Methode

"Children must learn relationship among spoken, visual, meaning of word forms."
„Most people think words are just words, but the human brain uses three neural circuits to code words in three forms, not just their meaning," said Berninger, a professor of educational psychology and director of the UW's multidisciplinary Learning Disabilities Center.
„While many educators debate whether phonics or meaning-based instruction is more effective, we found that an effective way to treat dyslexia is to show children explicitly how letters, sounds and meaning are interrelated."

„Genes and neurons constrain learning, but instruction may exert effects on specific brain functions in specific brain regions," Aylward said.

Es ist zu beobachten, dass sich vorwiegend Mediziner in den Vordergrund stellen, wenn es um die Entwicklung von pädagogischen Methoden geht. Es ist auch zu beobachten, dass Methoden dann aus der Theorie entstehen, weil Mediziner wenig bis gar keine Ahnung über praxisbezogene, pädagogisch-didaktische Vorgehensweisen besitzen. So bringt das Erforschte meist wenig unmittelbare Vorteile für den Betroffenen.

Legasthene Menschen müssen das Wortbild, den Wortklang und die Wortbedeutung ausgiebig erarbeiten

Die Notwendigkeit einer umfassenden Methodik

Es ist, wie schon beschrieben, von großer Bedeutung für einen Erfolg, dass eine Methode, die legasthenen oder dyskalkulen Menschen helfen soll, sehr umfassend angelegt ist und alle Problembereiche abdeckt.

Viele pädagogische Methoden setzen lediglich beim Üben am Symptom, also beim vermehrten Schreiben-, Lesen- oder Rechnen-Üben an. Eine Methode, die sich aber bei einer biogenetisch bedingten Legasthenie oder Dyskalkulie als unzureichend erwiesen hat. Schlimmer noch, durch die einseitige und nicht ausreichende Förderung und den folglich nicht eintretenden Erfolg, kommt es bei den Betroffenen nicht selten zu einer andauernden Frustration und es ist zu beobachten, dass diese andauernde Frustration und die ausweglose Situation, in der sich diese Menschen befinden, früher oder später wiederum psychische Schädigungen zur Folge haben.

Eine einseitige Förderung führt nicht zum Erfolg

Die AFS-Trainingsmethode als eine umfassende, pädagogische Methode verbindet spezielle Elemente aus den jeweiligen Bereichen wie:

- die **Aufmerksamkeit**sfokussierung beim Schreiben, Lesen oder Rechnen,

- die Verbesserung der **Funktionen** (Sinneswahrnehmungen), die man für das Schreiben, Lesen und Rechnen benötigt, damit der anderen Informationsverarbeitung genüge getan wird und

- die Verbesserung auf der **Symptom**ebene, das Üben im Schreib-, Lese- oder Rechenbereich in der Kombination, welche nach vorliegendem Testergebnis für das jeweilige Kind die optimale Intervention darstellt.

Drei Bereiche müssen unbedingt gefördert werden

Die drei komplementären Ebenen können einzeln gewichtet, je nach Problemlage herangezogen und ausgerichtet werden. Ist in der Förderung das Zusammenwirken der drei verschiedenen Bereiche gewährleistet, so zeigt die durchgeführte Langzeitstudie mit Deutlichkeit, dass maßgebliche Verbesserungen in allen Bereichen und somit auch im Symptombereich, erzielt werden können.

Die Methode ist in ihrer Komplexität und gegenseitiger Durchdringung der einzelnen Teilbereiche sehr umfassend. Sie erhebt aber keinen Anspruch auf Vollständigkeit oder

Primärstatus. Die Bereiche bedingen einander und bringen durch ihre Verknüpfung die gewünschten Verbesserungen. Die Elemente, die für das Erlernen des Schreibens, Lesens und Rechnens grundlegend sind, durchdringen sich gegenseitig. Dadurch erhält jede Trainingseinheit ihren eigenen Charakter, wobei die Gewichtung der Trainingsbereiche schwanken kann.

Das Gerüst sind bereits vorhandene Trainingsinstrumente, wie die Bereiche **A**(ufmerksamkeit), **F**(unktion) und **S**(ymptom), diese können mit einer Vielzahl von anderweitig entwickelten und erprobten Verfahren für legasthene/dyskalkule Menschen angereichert werden, welche der Trainer individuell für jeden einzelnen Betroffenen für sinnvoll und notwendig hält.

Verbesserung der Aufmerksamkeit beim Schreiben, Lesen oder Rechnen, Verbesserung der Funktionen oder Sinneswahrnehmungen, gezieltes individuelles Symptomtraining

Die Gewichtung erhält mit dem AFS-Testverfahren ihr erstes Profil, das sich im Verlauf des Trainings individuell herausbildet. Gerade die Verbesserung im Symptombereich, die sich hauptsächlich durch die konstante Reduzierung der Fehleranzahl messen lässt, ist von besonderer Bedeutung für den legasthenen/dyskalkulen Menschen. Alleine an der Verbesserung der Schreib-, Leseund/oder Rechenfertigkeiten wird der Erfolg oder Misserfolg einer Methode in diesem Bereich gemessen. Auf keinen Fall ist es möglich, eine Verbesserung der Kinder an

In der Gewichtung liegt die Kunst des einzelnen Trainers

Prüfungsergebnissen oder Benotungen zu messen, weil diese von viel zu vielen Faktoren, insbesondere von menschlichen, abhängig und deshalb als völlig irrelevant zu betrachten sind. Die Messung der Verbesserung erfolgte somit durch unbestechliches Zahlenmaterial.

Die Notwendigkeit einer offenen Methodik

Speziell die Offenheit der AFS-Methode garantiert die Individualität und orientiert sich am Zustand des Betroffenen. In der Anwendung der Methode gibt es, wie bereits erwähnt, klare Richtlinien – sie beinhaltet einerseits speziell entwickelte Trainingsinstrumente, wie die richtige und individuelle Kombination von Aufmerksamkeits-, Funktions- und Symptomtraining. Andererseits kann sie durch eine Vielzahl anderweitig entwickelter und für legasthene/dyskalkule Menschen erprobte Verfahren angereichert werden, weil jede Legasthenie individuell und höchstens ähnlich einer anderen verläuft.

Die AFS-Methode ist offen für jeden sinnvollen und bewährten Förderansatz

Die Entwickler der AFS-Methode haben sich nicht der sehr verbreiteten, dogmatischen und oft hinderlichen Praxis hingegeben, sogenannte „schwarze Listen" zu erstellen und Ansätze abzulehnen, nur weil die Wirkung bisher nicht erforscht oder eindeutig nachgewiesen worden ist. Hätte die Menschheit alles abgelehnt, was nicht eindeutig wissenschaftlich fundiert oder nachgewiesen ist, würde sie heute noch in Höhlen hausen.

Sie lässt im Detail dem Trainer nicht nur die Wahl der zu gestaltenden Trainingsteile frei,

Jeder sinnvolle Förderansatz darf integriert werden

sondern gibt ihm auch die Freiheit, selbst zu entscheiden, welche Programme und Unterrichtshilfsmittel er bei den verschiedenen Teilen des Trainings einsetzt. Es findet keine wie auch immer geartete Bevormundung statt. Das weit reichende Vertrauen in die hervorragend ausgebildeten Spezialisten, welche die AFS-Methode anwenden, ist berechtigt, denn diese wissen genau, was sie tun. Jeder Ansatz, der zur Verbesserung des Zustandes des legasthenen/dyskalkulen Menschen führt, kann deshalb integriert werden. Ein völlig freies Integrieren von Anregungen und Erkenntnissen, falls sie dem Ziel, dem legasthenen/dyskalkulen Menschen zu helfen entsprechen, ist möglich.

Die Methode ist, um es nochmals hervorzuheben, als eine umfassende und völlig offene Methode zu sehen, weil die Kombination von vorgeschriebenen Strukturen und frei wählbaren Teilen es erlaubt, auf die Probleme der Kinder völlig individuell einzugehen. Die Methode ist offen für Anregungen und Verbesserungen von außen, alle Komponenten sollen sich ergänzen und ineinander wirken, sodass dem Kind die bestmögliche Hilfestellung gegeben wird. Deshalb ist die AFS-Methode auch als eine methodenübergreifende Methode zu verstehen.

Alle Einflüsse aus dem Umfeld des Betroffenen werden sensibel aufgenommen und sind bei den Interventionen zu berücksichtigen. Die Notwendigkeit der offenen Methodik wird vielfach verkannt und auch oft unterschätzt. Gerade sie legt aber den Grundstein für ein erfolgreiches Training.

Eine weitere Grundidee der AFS-Methode ist, dass die Intervention auf pädagogisch-didaktischer Ebene bei einer Legasthenie/Dyskalkulie immer an erster Stelle stehen muss, weil nur dann ein dauerhafter Erfolg gewährleistet ist, wenn dem Betroffenen speziell auf seine Bedürfnisse abgestimmte Zugänge zum Schreiben, Lesen und Rechnen ermöglich werden. Gleichzeitig ist aber die Zusammenarbeit mit der Familie und den Lehrern in der Schule wünschenswert. Im Falle von vorhandenen physischen (z.B. Hör- und Sehbereich) schon vorhandenen oder herausgebildeten psychischen Auffälligkeiten ist eine Zusammenarbeit auch mit anderen Spezialisten selbstverständlich und in manchen Fällen sogar grundsätzlich für den Erfolg notwendig.

Grundidee der AFS-Methode ist, dass die pädagogisch-didaktische Intervention immer an erster Stelle stehen muss

Es ist immer schwierig, Anleitungen für eine Förderung zu geben, ohne dabei Gefahr zu laufen, dass die Anregungen nicht als Konzepte, sondern als Rezepte gebraucht werden und die Individualität der Förderung unterbleibt. Ziel der AFS-Methode ist es, dass es bei einem legasthenen/dyskalkulen Kind zu einer Verbesserung der Aufmerksamkeit, einer Verbesserung der Funktionen oder Sinneswahrnehmungen und einer Verringerung der Wahrnehmungsfehler beim Schreiben und/oder Lesen und/oder Rechnen und damit zu einer Verbesserung der Form von schriftlichen Arbeiten im Schreib- und/oder im Rechenbereich kommt.

Die zeitweise Unaufmerksamkeit eines Kindes beim Schreiben, Lesen oder Rechnen ist ein erstes Indiz für eine vorliegende Legasthenie oder Dyskalkulie

Man geht davon aus, dass bei einem Kind eine Legasthenie/Dyskalkulie vorliegt, wenn man erstens beobachtet, dass die Aufmerksamkeit, wenn das Kind schreibt, liest und/oder rechnet, zeitweise sehr schlecht bis gar nicht vorhanden ist. Dieses weit reichende Unvermögen, die Gedanken mit dem jeweiligen Handeln zu koordinieren, löst geradezu eine Kettenreaktion von folgenschweren Problemen aus. Zweitens, wenn das Kind in den Sinneswahrnehmungsbereichen der Optik, Akustik oder der Raumwahrnehmung durch Fehlleistungen auffällig wird. Drittens, wenn man beim Kind Wahrnehmungsfehler feststellen kann.

(Vgl. dazu Kopp-Duller, Astrid: Der legasthene Mensch. 4. Auflage, 2004)

Die Langzeitstudie über die AFS-Methode

Fakten der wissenschaftlichen Langzeitstudie über die Wirksamkeit der A(aufmerksamkeit) F(unktion) S(ymptom) Methode

Angewandte pädagogische Methode bei Kindern mit Legasthenie und Dyskalkulie

Das Datenmaterial

Dauer der Studie: 6 Jahre

Beginn: 01.01.2001
Ende: 31.12.2006

Anzahl der Probanden: 3370

Alter der Probanden: 7 – 14 Jahre

Schulstufen: 1-4 Schulstufe: 2071
　　　　　　　5-8 Schulstufe: 1299

Anteile: 71% Buben
　　　　　29% Mädchen

Die Kinder kamen nach sechs Monaten zur ersten Nachkontrolle, zu einer zweiten Nachkontrolle nach 24 Monaten.

Anzahl Teilnehmer

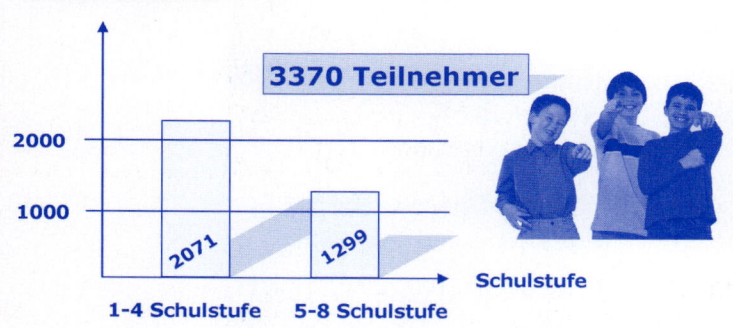

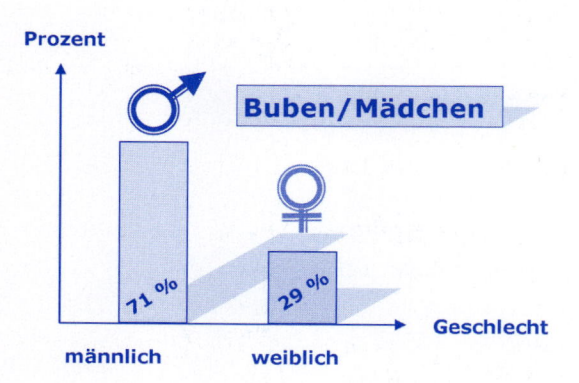

3370 Teilnehmer

2000

1000

2071 — 1-4 Schulstufe
1299 — 5-8 Schulstufe

Schulstufe

Prozent

Buben/Mädchen

71 % männlich
29 % weiblich

Geschlecht

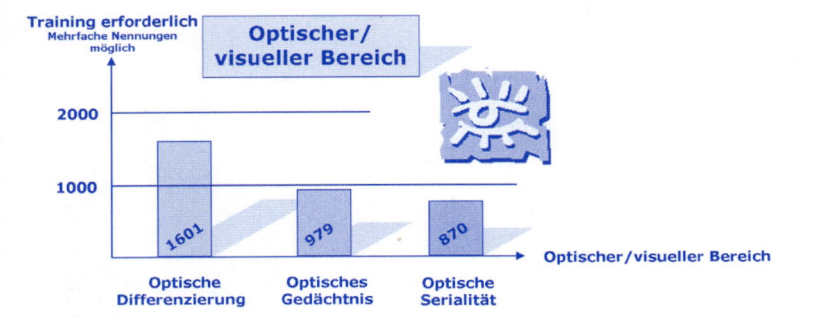

Optischer/visueller Bereich

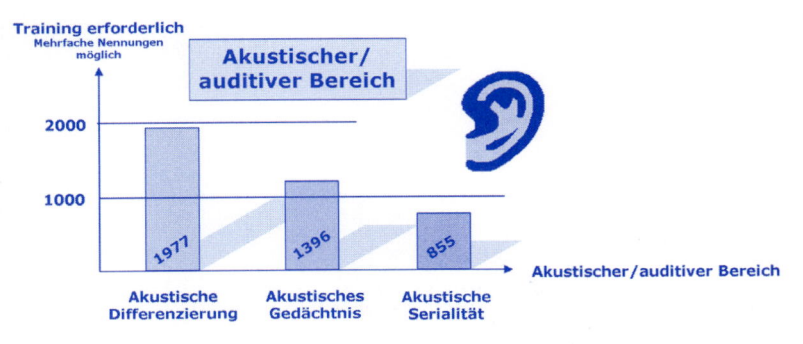

Training erforderlich
Mehrfache Nennungen möglich

- Optische Differenzierung: 1601
- Optisches Gedächtnis: 979
- Optische Serialität: 870

Akustischer/auditiver Bereich

Training erforderlich
Mehrfache Nennungen möglich

- Akustische Differenzierung: 1977
- Akustisches Gedächtnis: 1396
- Akustische Serialität: 855

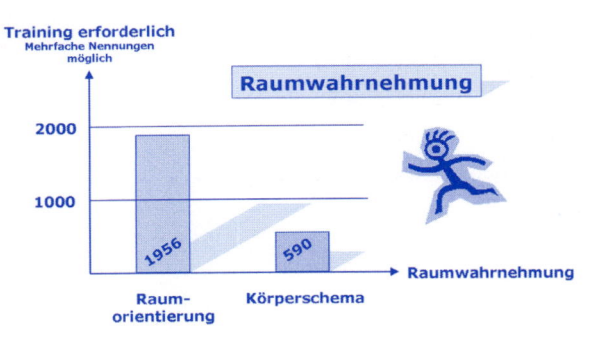

Raumwahrnehmung

Training erforderlich
Mehrfache Nennungen möglich

- Raumorientierung: 1956
- Körperschema: 590

Die Ergebnisse des pädagogischen AFS-Testverfahrens

Die Schreib-, Lese- und/oder Rechenfähigkeit von 3370 legasthenen/dyskalkulen Schülern im Alter von sieben bis vierzehn Jahren wurde über einen Zeitraum von sechs Jahren, vor und nach der Förderung mit der AFS-Methode, erhoben. Die Probanden wurden vorselektiert, d.h. bei allen Kindern, die an der Studie teilgenommen haben, wurde vor Beginn des Trainings eine Legasthenie und/oder Dyskalkulie festgestellt.

3370 Probanden haben an der Studie teilgenommen

Ausgangspunkt für eine Feststellung auf pädagogisch-didaktischer Ebene war das AFS-Computertestverfahren. Um die individuelle Legasthenie des Kindes festzustellen, wurde mit jedem Kontrollkind das AFS-Testverfahren zur Feststellung einer eventuell vorhandenen Legasthenie/LRS/Dyskalkulie und somit zur individuellen Kategorisierung durchgeführt. Dieser Test bringt Spezialisten, Lehrern und auch Eltern mehr Verständnis und Überblick über die Problematik und die praktische Arbeit. Vor allem die Planung und der Beginn der Interventionen werden damit erleichtert.

Das Testverfahren ermöglicht eine Feststellung im Vergleich zur durchschnittlichen Altersnorm.

Das pädagogische AFS-Testverfahren diente als Grundlage für die Studie

Die Beschreibung des Testverfahrens bezüglich der Validität, Objektivität und Reliabilität, mittels Auszügen aus dem Handbuch zum AFS-Testverfahren wurde schon vorher behandelt. Die Fehlerkategorien wurden mittels Fehleranalysen, anhand von Schreib-, Lese- und/oder Rechenleistungen, welche die Pobanden über einen längeren Zeitraum erbracht hatten, ermittelt.

Es wurden keine herkömmlichen Lese-Rechtschreibtests oder Rechentests verwendet, weil die Leistungen von legasthenen/dyskalkulen Kindern erfahrungsgemäß sehr stark von der jeweiligen Tagesverfassung abhängig sind und deshalb nur bedingte Aussagekraft besitzen. Die bei jedem Kind erfolgte Fehleranalyse garantierte den zielgenauen Ansatz der Förderung im Symptombereich und war deshalb von größter Bedeutsamkeit. Bei der Förderung wurden die Lernmethoden immer wieder den Bedürfnissen des Kindes angepasst, durften also verändert werden.

Im Aufmerksamkeitsbereich

Die Aufmerksamkeit der Probanden wurde im Zusammenhang mit Bildern, Halbsymbolen und Buchstaben und/oder Zahlen festgestellt. Die zeitweilige Unaufmerksamkeit beim Schreiben, Lesen und Rechnen ist ein

Begleitsymptom bzw. ein Kennzeichen einer Legasthenie/Dyskalkulie. Das heißt, es wurden nur Probanden in der Studie berücksichtigt, die Auffälligkeiten in diesem Bereich zeigten.

Im Funktionsbereich – differente Sinneswahrnehmungen

Differente Sinneswahrnehmungen und die damit verbundene, andere Informationsverarbeitung beim Schreiben, Lesen oder Rechnen, ist eines von mehreren Begleitsymptomen bzw. Kennzeichen einer Legasthenie/Dyskalkulie. In den meisten Fällen ist mehr als eine Funktion different und bedarf einer Intervention.

Laut Testergebnis waren im optischen Bereich, in der optischen Differenzierung 1601, im optischen Gedächtnis 979 und in der optischen Serialität 870, im akustischen Bereich, in der akustischen Differenzierung 1977, im akustischen Gedächtnis 1396 und in der akustischen Serialität 855 und im Raumwahrnehmungsbereich, in der Raumorientierung 1956 und im Körperschema 590 Probanden betroffen. Dies ergibt einen Prozentwert von Optik 87%, Akustik 78% und Raumwahrnehmung 61%.

Probleme im optischen Bereich sind häufig anzutreffen

Die Fehleranalyse

Die Fehleranalyse gibt Aufschluss

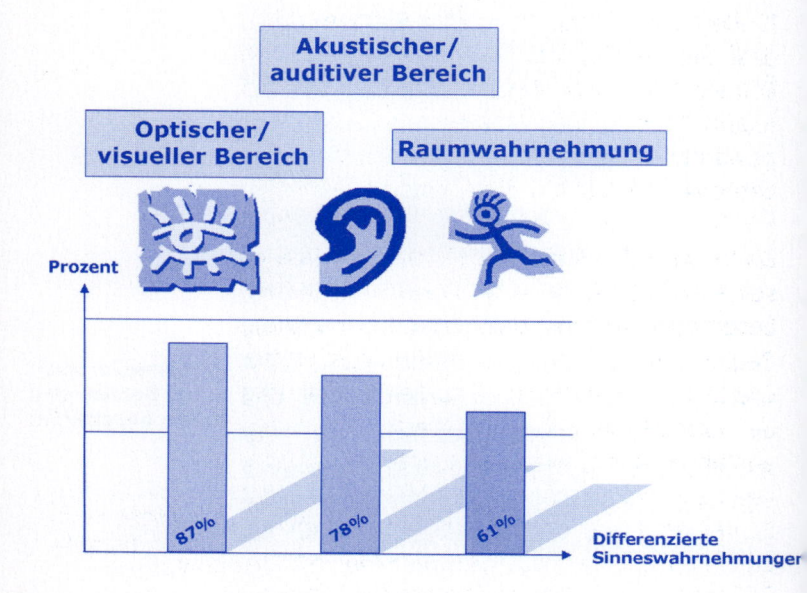

In der Fehleranalyse wurden die Bereiche harte/weiche Konsonantenverwechslungen, Dehnungs-/Schärfungsfehler, Groß- und Kleinschreibung, Wortdurchgliederung, stockender Schreibrhythmus und stockender Leserhythmus in die Bewertung miteinbezogen.

Optischer/visueller Bereich — **Akustischer/auditiver Bereich** — **Raumwahrnehmung**

Prozent

87% | 78% | 61%

Differenzierte Sinneswahrnehmungen

Die Interventionsebene – das Training

Die Bedeutung der Aufmerksamkeit – das Aufmerksamkeitstraining

Die differenzierte Aufmerksamkeit beim Schreiben, Lesen und/oder auch beim Rechnen, man könnte es auch Unaufmerksamkeit nennen, spielt bei legasthenen und dyskalkulen Kindern eine wesentliche Rolle. Sie führt dazu, dass sie im Symbolbereich nicht das leisten können, was von ihnen erwartet wird. Bei jedem Training soll die volle Aufmerksamkeit gewährleistet sein, damit ein Idealzustand des Lernens und des Vertiefens entsteht.

Dabei wird das Kind darauf trainiert, dass es seine Aufmerksamkeit auch beim Schreiben, Lesen oder Rechnen halten kann. Es wird am Beginn und während des Trainings immer wieder dahin geführt, dass es die Fokussierung der Aufmerksamkeit, ausdauernd bzw. konstant ausführen kann, wenn es schreibt, liest oder rechnet. Viele Fehler dieser Menschen beim Schreiben, Lesen oder Rechnen passieren nur, weil die Gedanken und das Handeln nicht im Einklang stehen. Das heißt, dass die Tätigkeit, die ein legasthener oder dyskalkuler Mensch im Symbolbereich vollführt - er schreibt ein

Die Fokussierung der Aufmerksamkeit bringt erste Erfolge

Wort, einen Satz oder Zahlen - nicht mit seinen momentanen Gedanken einhergeht. Er ist, wie man so schön sagt: „nicht bei der Sache". Dadurch entstehen so genannte Wahrnehmungsfehler. In anderen Bereichen findet auch bei legasthenen oder dyskalkulen Kindern dieser Vorgang nicht statt, außer es liegt ein zusätzliches Krankheitsbild (z.B. ADD, ADHD, etc.) vor. Deshalb ist es auch falsch, legasthene Kinder grundsätzlich als „unkonzentriert" zu bezeichnen. Diese Kinder können sich oft stundenlang einer Sache widmen, die ihnen Spaß macht, wie z.B. das Lego-Spiel oder die Beschäftigung mit dem Computer. Nur Symbole erzeugen bei ihnen im Unterbewusstsein eine Ablehnung, für die man sie aber nicht verantwortlich machen kann, denn es ist eine biogenetische Anlage. Wichtig bzw. vorrangig muss nun die Bestrebung sein, die Kluft zwischen den Gedanken und dem Handeln beim legasthenen Menschen zu schließen.

Eine erfolgreiche Förderung muss bei legasthenen und dyskalkulen Kindern basal beginnen

Wobei die Erkenntnis der Kinder, dass sie verbesserte Leistungen erbringen, wenn sie bei der Sache sind, schon eine enorme Reduktion der Fehler zur Folge hat. Es ist auch vorteilhaft, wenn man den Kindern während des Trainings immer wieder diese Tatsache anhand von ihren erbrachten Leistungen vor Augen führt. Man muss mit den Kindern auch immer wieder darüber sprechen, Übungen alleine sind nicht so wirksam.

Das Zusammenführen der Gedanken und dem gleichzeitigen Handeln ist nun das oberste Ziel. Ist dies nicht gewährleistet, wird jede weitere Intervention scheitern.

Die Bedeutung der Sinneswahrnehmungen – Das Funktionstraining

Differente Sinneswahrnehmungen sind kein Produkt mangelnder oder verminderter Intelligenz, sondern mangelnder oder verminderter Erfahrungsmöglichkeiten, beruhend auf speziellen, organischen Bedingungen.

Aussagen, die immer wieder herumgeistern, dass die Relevanz intakter Sinneswahrnehmungen für einen reibungslosen Schreib-, Lese- und Rechenerlernprozess „wissenschaftlich überholt" wäre, können als völlig unlogisch und damit haltlos betrachtet werden. Man könnte zugleich auch behaupten, dass man zum Schreiben keine Hand braucht.

Intakte Sinneswahrnehmungen sind eine gute Basis für den Schreib-, Lese- oder Rechenerlernprozess

Diese haltlose Behauptung mutet doch sehr sonderbar an. Dies würde heißen, dass es für das Schreiben, Lesen und Rechnen völlig uninteressant ist, wie es um die Ausbildung der Sinneswahrnehmungen steht. Schon Dr. Maria Montessori ist vor bald einhundert Jahren aufgefallen, dass diese eine wesentliche Rolle beim Erlernen des Schreibens, Lesens und Rechnens spielen und seit damals hat sich daran wohl auch nichts geändert. Lediglich die Bezeichnungen haben sich verändert, so ist heute zum Beispiel der Begriff der Phonologischen Bewusstheit „modern". Die Phonologische Bewusstheit gehört in den Bereich der Akustik, die unbedingt bei Kindern die Schwierigkeiten beim Schreiben und Lesen haben geschult werden muss. Vor allem amerikanische Forscher sind in diesen Bereichen schon wesentlich weiter. Jeder Spezialist, der mit legasthenen und dyskalkulen Kindern arbeitet, die biogenetisch bedingte Schwierigkeiten beim Schreiben und Lesen haben, weiß, wie notwendig es für einen dauerhaften Erfolg ist, dass Kinder lernen, aufmerksam hinzusehen und hinzuhören. Dieser Umstand lässt sich nicht wegdiskutieren, denn ohne intakte Sinneswahrnehmungen ist ein reibungsloser Schreib-, Lese- oder Rechenvorgang nicht möglich.

Moderne Bezeichnungen für Sinneswahrnehmungen

Anders bei Kindern mit erworbener Lese-Rechtschreib- oder Rechenschwäche, die zumeist keine Probleme mit den Sinneswahrnehmungen haben, und deren Probleme anders begründet sind. Hier kann auch ein gezieltes Training am Symptom Erfolge bringen. Man muss deshalb sehr genau feststellen, warum ein Kind Schwierigkeiten beim Schreiben, Lesen oder Rechnen hat.

Leute die global sagen, schreiben lernt man alleine nur durch schreiben und lesen alleine nur durch lesen, rechnen alleine nur durch rechnen, machen sich die ganze Sache ein wenig zu leicht.

Aber treten wir doch einmal zur Seite und betrachten die gesamte Problematik von der praktischen Seite. Jedem Spezialisten, der mit Kindern auf pädagogisch-didaktischer Ebene arbeitet, sind schon Kinder begegnet, welche auf ein reines Symptomtraining nicht, unzureichend oder sogar pathologisch reagiert haben.

Was aber schließlich zählt, sind nicht Diskussionen oder Besserwisserei sondern Erfolge. Diese haben jene Spezialisten, welche im Training die Sinneswahrnehmungsleistungen fördern und die auf pädagogisch-didaktischer Ebene seit mehr als zehn Jahren weltweit arbeiten.

Die Funktionen, die so genannten Sinneswahrnehmungen, die man für das Schreiben, Lesen und Rechnen benötigt, auch Teilleistungen genannt, sind wie schon erwähnt bei legasthenen und dyskalkulen Menschen different, anders ausgeprägt, wobei die Abweichungen individuell verschieden sind. Diese Ausprägungen machen auch die Individualität einer Legasthenie oder Dyskalkulie aus, denn nicht jeder Betroffene

Legasthene und dyskalkule Kinder müssen lernen, intensiver hinzusehen und intensiver hinzuhören und sie müssen lernen, ihre Aufmerksamkeit zu fokussieren, wenn sie schreiben, lesen und rechnen

zeigt dieselbe Abweichung. Legasthene oder dyskalkule Menschen haben durch ihre speziell ausgeprägte Wahrnehmung eine andere Informationsverarbeitung. Die damit verbundenen, zumeist extrem schnellen Gedankengänge, hindern sie in bedingter Weise am richtigen Schreiben, Lesen oder Rechnen. Sie müssen vor allem lernen, besser hinzusehen und hinzuhören. Sie erlernen zwar die Kulturtechniken auch, müssen diese aber in einer speziell auf ihre Ansprüche angepassten Didaktik präsentiert bekommen, weil die Methoden, die ihnen in unserem Schulsystem angeboten werden, nicht ausreichen. Dabei sind zwei Dinge zu beachten: Das legasthene Kind braucht eine längere Zeit, um sich mit den Symbolen problemlos auseinandersetzen zu können und es muss wesentlich plastischer und vertiefender Wortbilder oder Rechenprozesse erlernen, als nicht betroffene Kinder.

Die Verbesserung des Schreibens, Lesens und Rechnens - Das Symptomtraining

Das Arbeiten an den Fehlern ist auch ein wichtiger Teil im Training, egal welche Verursachung vorliegt

Das Symptomtraining ist das Training an den Fehlern. Das Schreiben lernt auch das legasthene Kind nur durch Schreiben, das Lesen durch Lesen, das dyskalkule Kind das Rechnen durch Rechnen. Dieser Teil eines Erfolg versprechenden Trainings bleibt auch dem legasthenen oder dyskalkulen Kind nicht erspart. Übung macht den Meister, denn auch das legasthene Kind muss, wie jedes andere, üben. Wichtig ist nur, dass das Erlernen und Vertiefen auf langsame und stetige Art vor sich geht. Zu viel Information im Symbolbereich ist für das legasthene Kind nicht zuträglich. Wichtig ist auch, dass ein Erlernen mit allen Sinnen erfolgt. Das legasthene Kind lernt am besten durch Angreifen. Man sollte dem Kind daher ermöglichen, Buchstaben, Zahlen und Wortbilder dreidimensional darzustellen, damit es sie sich dauerhafter merken kann.

Letztendlich wird aber immer die Vorgehensweise und Umsicht des Trainers für den Erfolg entscheidend sein. Die Kreativität und das Einfühlungsvermögen des Spezialisten, der auf pädagogisch-didaktischer Basis mit den Betroffenen arbeitet, sind als entscheidende und wesentliche Faktoren einzustufen. Deshalb muss der ausgezeichneten Kompetenz der diplomierten Legasthenietrainer(innen) bei der gesamten Studie ausreichende Bedeutung beigemessen werden. Diese ist und bleibt auch die Grundvoraussetzung des Erfolges.

Die hohe Kompetenz der Spezialisten trägt maßgeblich zum Erfolg bei

Die Ergebnisse der wissenschaftlichen Langzeitstudie über die Wirksamkeit der AFS-Methode

▶ Kinder, die mit der AFS-Methode trainiert worden sind, konnten vor Beginn der Interventionen deutlich schlechter schreiben, lesen und/oder rechnen als ihre Mitschüler.

▶ Im Durchschnitt erzielten die Schüler im Verlauf des Trainings einen deutlichen Leistungszuwachs. Sowohl die Rechtschreib-, Lese- und/oder die Rechenleistungen der geförderten Kinder steigerten sich.

▶ Die Kinder verbesserten ihre Leistungen nicht nur kurzfristig, sondern innerhalb von zwei Jahren kontinuierlich.

Ein gezieltes individuelles Training bringt nachweisliche Erfolge

▶ Darüber hinaus nahmen teilweise vorhandene Auffälligkeiten, die sich im Zusammenhang mit den ständigen Misserfolgen im Schreib-, Lese- und Rechenbereich ergaben, stark ab. Das Selbstbewusstsein der Schüler wurde deutlich gestärkt.

▶ Nach durchschnittlich zwei Jahren hatten Kinder, die mit der AFS-Methode trainiert worden sind, den Anschluss geschafft und zeigten nahezu die gleichen Schreib-, Lese- und Rechenleistungen wie der Durchschnitt der Schüler.

85% der Kinder konnten ihre Leistungen maßgeblich verbessern!

▶ Der Anteil der Kinder, die einen sehr hohen oder hohen Lernerfolg erreichten, lag beim außerschulischen Training bei 85 Prozent.

▶ Die Abschlussbefragung der Eltern als zentrale Koordinationsinstanz über die Lernfortschritte ihrer Kinder, die anhand eines Anamnesefragebogens erfolgte, ergab, dass sie mit der Förderung und dem Ergebnis sehr zufrieden waren. Nach ihren Angaben konnten die Kinder sowohl ihre Schreib-, Lese und/oder Rechenleistungen, aber auch durch die Steigerung der Motivation ihre gesamte Schulleistung verbessern.

Nachwort

Um Erfolg zu haben, benötigt der Mensch eine hohe Intelligenz, schöpferische Kräfte, unkonventionelles Denken, Entschlossenheit und Verlässlichkeit, die Aufgaben des Lebens zu meistern. Vorzüge, die legasthenen/dyskalkulen Menschen zueigen sind.
Alle diese Vorzüge aber haben absolut nichts mit dem Schreiben, Lesen oder Rechnen im engeren Sinne zu tun. Es ist aber dringend notwendig, dass man diesen besonderen Menschen durch die Schulzeit hilft, ihnen Wege zeigt, wie auch sie das Schreiben, Lesen oder Rechnen erlernen können, ohne dass es dabei zu Folgeerscheinungen kommt, die nicht mehr gut gemacht werden können. Und dies können nur Spezialisten mit pädagogisch-didaktischem Wissen leisten.

Menschen mit Schreib-, Lese- oder Rechenprobleme können die Schulzeit nur mit individueller Hilfe bewältigen

Grundsätzlich ist es sicherlich richtig, dass die heutigen Kinder anders sind als noch vor Jahren, aber da hat man das auch schon behauptet, denn die Zeiten ändern sich und alles geht heute nur noch schneller. So haben es unsere Kinder heute wirklich nicht leicht, denn selbst die Lehrer lassen den Kindern kaum noch Zeit und wollen ihnen alles mögliche beibringen, vergessen aber dabei auf die echten Notwendigkeiten, d.h. die Quantität hat die Qualität abgelöst. Zeitgleich kann man beobachten, dass die Leute heute aufgeklärter sind als noch vor Jahren und Probleme der Kinder schneller erkennen, und in der Folge auch versuchen, etwas dagegen zu unternehmen. So haben sich zwar die tatsächlichen legasthenen oder dyskalkulen Menschen nicht „vermehrt", jedoch werden sie heute zum Glück schneller, oder überhaupt entdeckt und auch gefördert.

Der Erfolg der AFS-Methode liegt in ihrer Praxisbezogenheit

Die AFS-Methode beruht einerseits auf Ergebnissen wissenschaftlich-pädagogischer Forschungen und bewährt sich, weil sie andererseits so praxisbezogen orientiert ist, nun schon viele Jahre. Sie wird von unzähligen Spezialisten, die auf pädagogisch-didaktischer Basis mit Menschen arbeiten, die Schreib-, Lese- oder Rechenprobleme haben, mit großem Erfolg weltweit angewandt. Diese Methode trägt wesentlich dazu bei, dass die Relevanz der pädagogischen Förderebene bei Schreib-, Lese- oder Rechenproblemen immer mehr in das Bewusstsein der Menschen tritt. Dies erweist sich als positiv für Betroffene, weil diese Hilfe auf jeden Fall immer erfolgen muss, damit ein dauerhafter und umfangreicher Erfolg eintritt. Durch die Methode konnten sich aber auch viele Pädagogen, die Spezialisten dafür sind, Menschen mit Schreib-, Lese- oder Rechenproblemen gezielt und individuell zu helfen, profilieren. Damit wurde aber einmal mehr die Relevanz der pädagogisch-didaktischen Hilfe in den Mittelpunkt gestellt.

Letztendlich ist es immer nur der Erfolg der zählt, und den haben die Pädagogen, welche Betroffene mit der AFS-Methode fördern.

Die Praxis zeigt, dass sich Aussagen wie: „Ein Training der Sinneswahrnehmungen wäre sinnlos und würde das Ziel der Verbesserung der Schreib-, Lese- oder Rechenleistungen verfehlen, ein Training der phonologischen Bewusstheit oder des phonologischen Bewusstseins wäre hingegen notwendig", wohl selbst ad absurdum führen. Denn tatsächlich ist der phonologische Bereich, um es nochmals ganz deutlich zu machen, doch ein Teil der Sinneswahrnehmungsleistungen. Auch die Aussage, eine Legasthenie würde sich von der LRS nicht unterscheiden, ist mehr als amateurhaft und völlig praxisfremd. Jeder Spezialist, der schon mit beiden Gruppen gearbeitet hat, wird dies bestätigen können. Die nicht erfolgte Unterscheidung ist sehr oft der Grund dafür, wie ausführlich dargelegt wurde, dass der Erfolg nicht eintritt.

Auf eine gezielte Förderung der Sinneswahrnehmungen darf nicht verzichtet werden

Tatsache ist, dass mit einer kontinuierlichen Verbesserung der Sinneswahrnehmungsleistungen wesentliche Voraussetzungen für bessere Leistungen beim Schreiben, Lesen oder Rechnen geschaffen werden.

Die umfassende Art, mit der man mit der AFS-Methode den unterschiedlichen Problemen bei

Schreib-, Lese- oder Rechenschwierigkeiten begegnen kann und den Menschen in den Bereichen hilft, wo sie die Hilfe benötigen, macht sie so einzigartig.

Nicht zu vergessen die Offenheit, die sie repräsentiert. Diese Offenheit ermöglicht dem Spezialisten, jeden sinnvollen und bewährten Förderansatz in das Gesamtkonzept der Methode zu integrieren. Damit wird eine Förderung immer individuell auf die Ansprüche und Bedürfnisse der Betroffenen abgestimmt werden können.

Der Erfolg der AFS-Methode liegt auch in ihrer umfassenden Art und in der Offenheit

Die Trainingsplanung erfolgt mit dem in der Pädagogischen Förderdiagnostik einzigartigen, angewandten pädagogischen AFS-Feststellungsverfahren, welches ebenso aufgrund wissenschaftlicher Forschungen entwickelt wurde. Mit diesem hervorragenden Werkzeug erhält der Spezialist erste Hinweise auf die Ausprägungen der Problembereiche und kann darauf abgestimmt das Training planen. Unzähligen, von Schreib-, Lese oder Rechenproblemen betroffenen Menschen konnte in den letzten zehn Jahren damit maßgeblich geholfen werden.

Es ist überaus wichtig, dass man stets, wenn Schreib-, Lese oder Rechenprobleme auftreten, vorrangig auf pädagogischer Basis eine Feststellung trifft und die Förderung individuell und speziell auf die Bedürfnisse des Betroffenen abstimmt. Schließlich ist es dem

Spezialisten auf pädagogisch-didaktischer Ebene zu überlassen, Entscheidungen zu treffen, wenn die pädagogisch-didaktische Hilfe von anderen Spezialisten der Gesundheitsebene unterstützt werden soll. Die dafür nötige Sensibilisierung ist durchaus vorhanden.

Unsere Gesellschaft ist leider noch zuwenig aufgeklärt. Viele Menschen glauben noch immer, Legasthenie und Dyskalkulie seien Krankheiten oder gar Behinderungen. Auch dadurch ergeben sich noch immer viele Nachteile für diese besonderen Menschen.

Es ist sehr positiv zu sehen, dass man endlich, nach vielen Jahrzehnten der Pathologisierung der Problematik durch die Gesundheitsberufe, im neuen Jahrtausend beginnt, den logischen Weg zu gehen und die pädagogische Feststellung und Hilfe allen anderen vorausstellt. Dazu haben die pädagogische Forschung der letzten Jahrzehnte und die zahlreichen Spezialisten, die weltweit auf pädagogisch-didaktischer Ebene betroffenen Kindern helfen, maßgeblich beigetragen und erfreulicher Weise ziehen daraus viele Betroffene ihren Nutzen.

Es ist zu hoffen, dass sich im neuen Jahrtausend die Logik durchsetzen wird, dass man Schreib-, Lese- oder Rechenproblemen in jedem Falle zuerst auf pädagogisch-didaktischer Ebene begegnen muss

Ein Dank an alle, die diesen besonderen Menschen helfen: „Wer tut ist gut!"

Literaturliste

- Andresen, Daniela; Haas Gerhard; Kunkel Peter-Christian: Ich lerne niemals Lesen und Schreiben. Hannover 2006.
- Aylward, Elizabeth, u.a.: Converging Evidence for Triple Word Form Theory in Child Dyslexics. Special issue on brain imaging in Developmental Neuropsychology, 30, 2006.
- Beins, Hans Jürgen; Cox, Simone: „Die spielen ja nur!?". Dortmund 2001.
- Berninger, Virginia: FMRI Activation in Children with and without Dyslexia during Pseudoword Aural Repeat and Visual Decode: Before and After Treatment. Neuropsychology, 2007.
- Bertrand, Lucien; Eggert, Dietrich: RZI – Raum-Zeit-Inventar. Dortmund 2002.
- Bliem, Siegfried: Knoten im Kopf. Innsbruck 2005.
- Breitfeld, Silke; Pangerl,Werner: Buchstabenlehrgang mit dem ABC-Zoo. Dortmund 2002.
- Buca, Eveline: Spukefix hilft sehen. Wien 2000.
- Buchner, Christina: Neues Lesen neues lernen. Freiburg 2003.
- Buchner, Christina: Disziplin – Kein Schnee von gestern, sondern Tugend von morgen. Freiburg 2006
- Burger-Gartner, J; Heber D: Auditive Verarbeitungs- und Wahrnehmungsleistungen bei Vorschulkindern. Dortmund 2003.
- Diller, Lawrence H.: ADS & Co. Braucht mein Kind Medikamente? Düsseldorf 2003.
- Doering, Waltraut; Doering, Winfried: Von der Sensorischen Integration zur Entwicklungsbegleitung. Dortmund 2001.
- Dürre, Rainer: Legasthenie – das Trainingsprogramm für Ihr Kind. Freiburg 2000.
- Dürre, Rainer: Rechenschwäche – das Trainingsprogramm für Ihr Kind. Freiburg 2001.
- Dürre, Rainer; Dürre, Miriam: ADS, Legasthenie und Co.. Freiburg 2004.
- Ebhardt, Agnes: Fröhliche Wege aus der Dyskalkulie. Dortmund 2002.
- Ebhardt, Agnes; Ebhardt, Frauke: Neue fröhliche Wege aus der Dyskalkulie. Dortmund 2004.

- Eden, Gunievere; Zeffiro, Thomas, u.a.: Neurophysiolocical Recovery and Compenstation after Remediation in Adult Developmental Dyslexia. Neuron 44/3, 2004.
- Eggert, Dietrich; Wegner-Blesin, Nicola: Ditka. Diagnostisches Inventar taktil-kinästhetischer Alltagshandlungen von Kindern im Vorschul- und Grundschulalter. Dortmund 2000.
- Fggert, Dietrich; Reichenbach, Christina: DIAS – Diagnostisches Inventar auditiver Alltagshandlungen. Dortmund 2005.
- Fischer, Gabriele; Heidorn, Ute: Schnipp-Schnapp und andere Spiele zum Dyskalkulietraining. Trostberg 2001.
- Frank, Robert: The Secret Life of the Dyslexic Child. USA 2002.
- Galaburda, Albert: The Languages of the Brain. 2002.
- Goldstein, Nicole; Quast, Marianne: ABC für die Sinne. Dortmund 2003.
- Gröne, Berthold; Engl, Eva-Maria; Kotten, Anneliese; Ohlendorf, Ingeborg; Poser, Elfi: Bildmaterial zum Spracherwerb. Dortmund 2000.
- Haider, Claudia: Lese-Rechtschreib-Training 1, Optik, Akustik, Raumorientierung, Serialität, Intermodalität. Wien 2001.
- Haase, Peter(Hrsg.): Schreiben und Lesen sicher lehren und lernen. Dortmund 2000.
- Heinig, Jutta: Familie Pfeffer. Auf und davon. Lesebuch für legasthene Kinder. München 2004.
- Herrmann-Strenge, Andrea: Laute Flaute stiller Sturm. Praxisbausteine zum Hören und Hinhören. Dortmund 2003.
- Höfkes, Anke; Trahe, Ursula, Trepte Anne: Alltagssituationen spielend meistern. Dortmund 2002.
- Hohl-Brunner, Ursula: Buchstabensuppe und Zahlensalat. Freiburg 2003.
- Huber, Isabella; Claudia Giezendanner Claudia: „Oh je, die Spitze ist abgebrochen!" Dortmund 2002
- Iwansky, Rainer: Rechtschreiben o.k. – trotz LRS. Offenburg 2001.
- Jackel, Birgit: Lustige Sinnesgeschichten für kleine und große Leute. Dortmund 2003.
- Junga, Michael: Spiel und Spaß mit Wörtern. Dortmund 2000.
- Kannegießer-Leitner, Christel: Das ADS-Schnellprogramm für zu Hause. Berlin 2002.
- Keller, Georg: Körperkonzentriertes Gestalten und Ergotherapie. Dortmund 2001.

- Kiphard, Ernst J.: Motopädagogik. Dortmund 2001.
- Kiphard, Ernst J.: Wie weit ist ein Kind entwickelt? Dortmund 2002.
- Kiesling, Ulla: Sensorische Integration im Dialog. Dortmund 2000.
- Kiesling Ulla; Klein Jochen: Inge Flehmig - Sensorische Integration. Dortmund 2002.
- Köckenberger, Helmut: Hyperaktiv mit Leib und Seele. Dortmund 2001.
- Kopp-Duller, Astrid: Der legasthene Mensch. Klagenfurt 2004.
- Kopp-Duller, Astrid; Duller, Livia: Dyskalkulie – Training nach der AFS-Methode. Klagenfurt 2001.
- Kopp-Duller, Astrid; Duller, Livia: Legasthenie im Erwachsenenalter. Praktische Hilfe bei Schreib- und Leseproblemen. Klagenfurt 2003.
- Kopp-Duller, Astrid: Legasthenie und LRS. Ein praktischer Ratgeber für Eltern. Freiburg 2003.
- Kopp-Duller, Astrid: Legasthenie – Training nach der AFS-Methode. Klagenfurt 2005.
- Kopp-Duller, Astrid; Duller, Livia: Training der Sinneswahrnehmungen im Vorschulalter. Klagenfurt 2002.
- Krowatschek, Dieter: ADS und ADHS Diagnose und Training. Dortmund 2003.
- Liepold Michaela; Ziegler Wolfram; Brendel Bettina: Hierarchische Wortlisten. Dortmund 2002.
- Luger-Linke, Silvia: Legasthenie: Last oder Chance, Rohrbach 2004.
- Luger-Linle, Silvia: Rechenschwäche. Rohrbach 2005.
- Maaß, Silvia: Stärken entdecken Schwächen erkennen. Ein Förderprogramm für Vorschulkinder. Dortmund 2004.
- Mertens, Krista: Lernprogramm zur Wahrnehmungsförderung. Dortmund 2001.
- Metzler, Beate: Hilfe bei Dyskalkulie. Dortmund 2001.
- Milz, Ingeborg: Neuropsychologie für Pädagogen. Neuropädagogik für die Schule. Dortmund 2002.
- Müller, Michael: Gehirngerechte Rechtschreibstrategien. 2 Bände. Mainz 2002.
- Nickisch, Andreas; Heber, Dolores; Burger-Gartner, Jutta: Auditive Verarbeitungs- und Wahrnehmungsstörungen bei Schulkindern. Dortmund 2001.
- Pagel, Karin: Jede/r lernt anders. Freiburg 2000.

- Polivka, Eva: Die abenteuerliche Buchstabenreise des Prinzen Sahir. Pressbaum 2003.
- Pregl, Helga: Legasthenie 2000. Klagenfurt 2000.
- Quante, Sonja: Was Kindern gut tut! Dortmund 2003.
- Raschendorfer, Nicola: LRS-Legasthenie: Aus Fehlern wird man klug. Mülheim 2004.
- Raschendorfer, Nicola, Zajicek Sabine: Dyskalkulie – Wo ist das Problem? Mülheim 2006.
- Reimann-Höhn, Uta: ADS- So stärken Sie Ihr Kind. Freiburg 2001.
- Reimann-Höhn, Uta: Keine Angst vor Klassenarbeiten. Berlin 2003.
- Rieck, Gottlob: ABC zum Anmalen. Dortmund 2002.
- Rieck, Gottlob: Lustige ABC Geschichten. Dortmund 2002.
- Schäfer, Ingrid: Graphomotorik für Grundschüler. Dortmund 2001.
- Schönrade, Silke; Limbach, Raya: Die Abenteuer der Hexe im Buchstabenland. Dortmund 2005.
- Schweizer, Laura: Benis Weg in die Verzweiflung. Biografie eines Legasthenikers. Frankfurt/Main 2004.
- Seidenberg, Mark, u.a.: Language Deficits in Dyslexia: Speech perception, Phonology and Morphology. Journal of Experimental Child Psychology, 77, 2000.
- Shaywitz, Sally E.: Dyslexia: A scientific American article. Ibooks 2002.
- Shaywitz, Sally E.: Overcoming Dyslexia. Massachusetts 2003.
- Sinnhuber, Helga: Sensomotorische Förderdiagnostik. Dortmund 2000.
- Skrodzki, Klaus; Mertens, Krista: Hyperaktivität. Dortmund 2000.
- Sperling, Anne, u.a.: Deficits in perceptual exclusion in developmental dyslexia. Nature Neuroscience, 8(7), 2005.
- Strydom, Jan; du Plessis, Susan: The Right to Read. Pretoria 2000.
- Trapmann, Hilde; Rotthaus, Wilhelm: Auffälliges Verhalten im Kindesalter. Dortmund 2003.
- Venohr, Dorothee: Integrative Montessori-Pädagogik. Dortmund 2002.
- Weichold, Bettina Irene: Bewegungsfluss. Atmung und Bewegung in Balance. Dortmund 2001.
- Williams, Mary Sue; Shellenberger Sherry: Wie läuft eigentlich dein Motor? Dortmund 2001.
- Wischmeyer, Marietta: Das finden der Sinne. Dortmund 2000.

- Zander Gisela: Besser Englisch lernen trotz Lese-Rechtschreib-Schwäche. Mülheim 2002.
- Zander, Gisela: LRS-Förderung im Englischunterricht. Mülheim 2002.

Internet und Adressen

EÖDL Erster Österreichischer Dachverband Legasthenie

http://www.legasthenie.at/
office@legasthenie.at

Feldmarschall Conrad Platz 7
9020 Klagenfurt
Österreich
Tel/Fax 0043 463 55660

Österreichs größter Legasthenieverband mit Aktivitäten aus allen Bundesländern.

KLL Kärntner Landesverband Legasthenie

http://www.legasthenie.com/page1.php
Die Nummer 1 Legasthenieseite im Netz, ständig aktualisiert mit News, Erlässen, Aktivitäten, bietet Rat und Hilfe für legasthene Menschen.

WLL Wiener Landesverband Legasthenie

http://www.wll.at
Der Legasthenieverband für Wien und Niederösterreich bietet Hilfe in Ihrer Nähe.

DVLD Dachverband Legasthenie Deutschland

http://www.DVLD.de
Deutschlands jüngster Legasthenieverband mit Aktivitäten aus allen Bundesländern.

Fernstudium zum diplomierten Legasthenietrainer des EÖDL

http://www.legasthenieverband.de
Umfassende Ausbildung für Interessierte. Absolventen trainieren in 30 Ländern weltweit erfolgreich mit legasthenen, LRS und dyskalkulen Kindern.

AFS - Test bei Legasthenie

http://www.dyslexiatest.com
Dieses bewährte pädagogische Testverfahren gibt Aufschluss.

Arbeitsblätter und Materialien

http://www.arbeitsblaetter.org/ab.php
Das ist im deutschsprachigen Raum einmalig. Kostenlos und mit Vorschau bieten wir mehr als 2600 Arbeitsblätter und Trainingsmaterialien zum Thema „Legasthenie / LRS / Dyskalkulie". Die Arbeitsblätter sind eingeteilt in Kategorien.

BLOG Dachverband Legasthenie Deutschland

http://Blog.legastenieverband.org
Der BLOG des DVLD bietet Veranstaltungshinweise und News zum Thema Legasthenie / LRS / Dyskalkulie. Hier präsentieren sich auch regionale Gruppen.

Vortrag „Legasthenie / LRS / Dyskalkulie"

http://www.Vortrag.org
Lehnen Sie sich zurück und gönnen Sie sich den 20 minütigen Vortrag zum Thema „Legasthenie / LRS / Dyskalkulie" mit Ton und Bild. Viel Vergnügen!

WIKI für Legasthenietrainer

http://Wiki.legasthenietrainer.com
Ein Wiki ist eine editierbare Internetseite. Jeder Legasthenietrainer darf mitmachen und profitieren.

Service für Legasthenietrainer

http://Service.Legasthenietrainer.com
Serviceseiten für diplomierte Legasthenietrainer mit den Themen: Berufsbild, Materialien, Betriebsgründung, Marketing, Ausbildung

KLL Legasthenie Online-Shop

https://shop.legasthenie.com
Leseschablone, Bücher, CD Roms, Zeitungen... Im Dienste legasthener Menschen unterstützen die Autoren damit unsere Ziele.

30 Fragen zum Thema Legasthenie/LRS/Dyskalkulie

http://www.30Fragen.com
Hören Sie sich das an! Hier werden 30 Fragen zum Thema beantwortet. Auch als Audio CD kostenlos erhältlich.

Fragen und Antworten für Legasthenietrainer

http://www.Fragen-und-Antworten.com
Für Absolventen und Teilnehmer des Fernstudiums zum diplomierten Legasthenietrainer. Hier werden 150 Fragen zum Thema beantwortet - mit integrierter Suchfunktion.

Spiele für das Training

http://Spiele.Legasthenietrainer.com
Eine tolle Auswahl an Spielen zum Download. Setzen Sie die Spiele zur Motivation im Legasthenietraining ein.

e-learning dyslexia course

http://www.legasthen.com
Laden Sie sich einen 90 minütigen Lehrgang zum Thema Legasthenie herunter, natürlich kostenlos.

Quick Reference Map

http://www.Legasthenie-LRS-Dyskalkulie.com
Hat Ihr Kind Legasthenie, LRS oder Dyskalkulie? Diese Kurzübersicht gibt Aufschluss auf nur zwei A4 Seiten!

Club der Legasthenietrainer

http://Club.legasthenietrainer.com
Club der Legasthenietrainer mit Passwortzugang. Weltweit sind hier diplomierte Legasthenietrainer aus 38 Ländern vernetzt.

Gratis CD-Rom „Legasthenie und Dyskalkulie"

http://www.Legasthenie-und-Dyskalkulie.com
Kostenlose CD-Rom mit Arbeitsblättern und Programmen. Einfach anfordern.

Legasthenie Forum

http://www.legasthenie-forum.de
Ein Legasthenieforum für Eltern, Betroffene, Lehrer und Spezialisten. Eintritt frei!

Legasthenie, LRS und Dyskalkulie Fachtagungen

http://www.Fachtagung.com
Seit 1996 finden Fachtagungen des EÖDL in Österreich und Deutschland statt. Lesen Sie nach, was unsere Referenten zu den Themen zu sagen haben.

Easy Maths Program

http://www.Easy-Maths-Program.com
Online trainieren wie die Profis. Kostenlos. Dieses Programm verbessert die individuelle Rechenleistung. Zusätzlich: Zählen in 4 Sprachen lernen.

Easy Training Program

http://www.Easy-Training-Program.com
Online trainieren wie die Profis. Kostenlos. Das Trainieren der Sinneswahrnehmungen verbessert die individuelle Lese- und Schreibleistung!

Austrian Legasthenie News

http://www.A-L-N.com
Seit 1997 bringen wir mehrmals jährlich eine Legasthenie- und Dyskalkuliezeitung heraus.

Legasthenie im Erwachsenenalter

http://www.legasthenieverband.com/erw/
BUCH: Es ist heute wohl hinlänglich bekannt, dass sich eine Legasthenie nicht auswächst, so wie man es einst gedacht hat. Der legasthene Mensch bleibt also ein Leben lang legasthen.

Legasthenie und LRS

http://www.Legasthenie-und-LRS.com
BUCH: Wenn man das, worum es in diesem Buch geht, auf eine kurze Formel bringen wollte, könnte sie lauten: Erkennen und helfen.

Training der Sinneswahrnehmungen im Vorschulalter

http://www.legasthenie.at/Vorschule/
BUCH: Schon bei Kleinkindern können aufmerksame Eltern und Kleinkindpädagogen Erscheinungsformen sehen, die auf differenzierte Sinneswahrnehmungen hinweisen. Erfolgreich einer Legasthenie, Schreib-, Lese- und Rechenschwäche vorbeugen!

Legasthenie - Training nach der AFS-Methode

http://www.legasthenie.at/afsbuch/
BUCH: Handreichung mit vielen praktischen Ideen für den Unterricht und das Training legasthener Kinder. „Wie kann ich legasthenen Kindern konkret helfen?", diese Frage beschäftigt jeden interessierten Lehrer und auch Eltern von betroffenen Kindern.

Dyskalkulie - Training nach der AFS-Methode

http://www.legasthenie.at/Dyskalkulie/
BUCH: Praktisch wird vom Erlernen des Zahlbegriffes bis hin zu den Grundrechenarten methodisch vorgegangen. Kostenlose Arbeitsblätter zum Herunterladen.

Easy Reading Program

http://www.Easy-Reading-Program.com
Leichter Lesen mit System - Dieses einzigartige Computerprogramm hilft Kindern beim Lesen. Kostenlos online lesen trainieren.

Diplomierte LegasthenietrainerInnen des EÖDL aus der ganzen Welt

http://www.legasthenietrainer.com
Sie suchen einen Spezialisten in Ihrer Nähe, suchen Sie nicht länger!